その「ひとこと」、
ネイティブ英語で
こう言います
POCKET

David A. Thayne、小池信孝 = 著

主婦の友社

よく使うのにとっさに出ない「ひとこと」。このひとことをさらっと言えたなら、あなたの英会話の幅がぐんと広がります

　日本語ではよく使っているひとことが、英語でとっさに出てこなくて、歯がゆい思いをしたことはありませんか。

　この本では、会話を盛り上げる相づちや、人間関係をスムーズにする決まり文句、気持ちをやんわりと伝える言い回しなど、<u>普段よく使うのになかなか英語にできない表現、英会話でもどんどん使いたい便利な表現を集めました。</u>

　たとえば、ちょくちょくお裾分けをしてくれる近所の人に「いつもすみません」と言えますか。親切な申し出を断るときに使う「お気持ちだけいただいておきます」は英語で何と言うでしょう。

　友だちと話していて「あれどうなった？」、「わかるわかる」と言えたら、会話がもっと盛り上がること間違いなしです。

　打ち合わせが終わって席を立つときに、「では、そういうことで」と締めくくりの言葉を口にできたなら、「終わりよければすべてよし」になるはず。

　これらは一見日本的な表現で、英語にしにくいように思えます。でも実は、ネイティブもよく使う表現で、どれもやさしい単語で言えるものばかりなのです。

英語の例で見てみましょう。どんな意味だかわかりますか。

①帰りが遅くなった夫が、妻にする言い訳の常套句——
　"It's not that easy."
②プレゼントなんてほとんどしてくれたことのない恋人が突然バラの花束をくれたら——
　"What's on your mind?"
③おもちゃ売り場から離れない子どもには——
　"No means no."
④友人と口げんかになったら、もう出ていくと言い出しました。それでもまだ許せないなら——
　"Be my guest."

本文では、これらひとつひとつの例文にダイアログがついています。このダイアログにも、お役立ちフレーズをたくさん盛り込んでありますので、どうぞお見逃しなく。

これら日常生活でよく使う「ひとこと」のほかに、時代劇やアニメなどの名セリフ、体にまつわる言えそうで言えない「ひとこと」もまとめてあります。

また、会社で使うビジネス関係の「ひとこと」も紹介しました。日本語表現は同じでも、日常英語とビジネス英語とでは英語表現が異なる場合があります。文化の違いが垣間見えておもしろいと思います。

なお、本書でいうネイティブとは、アメリカ英語のネイティブスピーカーのことです。

PART1
よく使うのにとっさに出ない「ひとこと」……7

会話がはずむひとこと	8
日本人が好んで使うひとこと	18
大人の会話に使えるひとこと	28
ビジネスにも役立つひとこと	44
お店で気持ちよく過ごせるひとこと	56
ポジティブな気持ちを伝えるひとこと	62
相手に投げかけるひとこと	72
雑談を盛り上げるひとこと	80
何気なく使ってしまうひとこと	92
ついつぶやいてしまうひとこと	100
はっきり答えたくないときのひとこと	116
言ってもムダなのについ出るひとこと	124
ネガティブニュアンスを伝えるひとこと	134
ムッとしたときのひとこと	150
頼みごとをするときのひとこと	166

あのセリフ、ネイティブならこう言います …… 61、71、91、115、123、149

CONTENTS

PART2
言えそうで言えない「体にまつわるひとこと」......169

- **頭・髪・ひげ**......170
  頭がボーっとする・頭がいっぱいになる・髪の分け目を変える・髪が薄くなる・植毛する・もみあげを伸ばす・無精ひげが生える・フケがでる・枝毛を切る・寝ぐせがつく・顔色が悪い

- **目**......173
  目が回る・目が冴える・目ヤニがでる・老眼になる・目がかすむ・目が充血する

- **鼻**......175
  鼻毛を切る・鼻毛がでている・鼻くそをほじる・鼻血がでる・鼻水がでる

- **口**......177
  口をゆすぐ・口をポカンと開ける・唇がカサカサする・口内炎ができる・口をとがらせる・喉チンコが見える・アッカンベーをする・口にチャックする・あくびを噛み殺す・差し歯を入れる・親知らずを抜く

- **耳**......181
  耳垢がたまる・耳をふさぐ・耳鳴りがする・空耳が聞こえる・耳が遠くなる・耳をかっぽじる

- **首・肩**......183
  首を寝違える・喉がイガイガする・肩がこる・肩幅が広い・なで肩だ

- **手**......184
  指を鳴らす・突き指する・指きりする・ささくれができる・深爪する

- **胸・胴・尻**......186
  胸がムカムカする・筋肉をピクピクさせる・心臓が止まりそうになる・腹がでる・腹筋が割れる・ウエストにくびれができる・尻もちをつく

- **足**......188
  アキレス腱を伸ばす・足のつぼを刺激する・O脚を矯正する・足が蒸れる・足が棒のようになる・足がむくむ・足がしびれる・足の裏をくすぐる・屈伸運動をする・かかとがひび割れる

- **セックス**......192
  (あそこが) 役に立たない・最高！(女性が)・今日はあの日で……(女性が)

CONTENTS

PART3
会社でよく使う
言えそうで言えない
「ビジネスのひとこと」..................193

朝イチ（朝一番）　午後イチ　ウナギのぼりに上がる　午前半休　一発勝負に出る　社運　有休（有給休暇）　カレンダー通りのお休み　足元を見る　当たってみる　裏金　お言葉に甘える　お言葉を返すようですが　お手柔らかに　肩書　近々に　緊急の用件　徹夜　行き当たりばったりの　歯車が狂う　戻り予定　裏目に出る　見切り発車　しぼられる　やぶへびケツ　責任転嫁する　度を越す　ノーリターン　宝の持ち腐れ　直行直帰　接待　接待ゴルフ　いい線いってる　前倒し（予定より早める）　口裏を合わせる　太鼓判を押す　テンパる（時眼がなくて焦る）　探りを入れる　ポシャる　適材適所　頭角を現す　仕事の鬼　カツカツ（時間がなくて）　生き馬の目を抜く　書き入れ時　白紙に戻す　ツキが回ってくる　7掛け　棚ぼた　時間の問題　下り坂になる　アポとり　口利きをする　自転車操業　9時5時　上場する　棚卸し　手の内を見せる　顔がきく　成長株　正攻法で行く　とらぬタヌキの皮算用　押しも押されもせぬ　経費で落とす　草分け　脱サラする　話がうますぎる　缶詰　帳消しにする　頭越しに　天職　にっちもさっちもいかない　上場企業　メモ（メモをとる）　不良品　公私混同する　口コミで　オフレコで（内緒で）　切り札　鶴のひと声　とりあえずビール　手を打つ　着払いで　バイク便で　産休　飛ばされる　押し売り　なかったことに　崖っぷち

●装丁　犬塚勝一
●カバーイラスト　深川直美
●本文イラスト　David A. Thayne

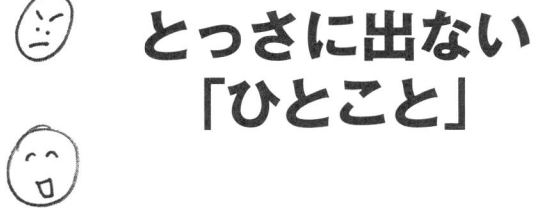

PART1
よく使うのに とっさに出ない 「ひとこと」

あるある。

I know, I know.

I know.を二度繰り返して、I know, I know.とすれば、日本語の「あるある」にかなり近いニュアンスに。

A: **Have you ever hit your little toe against something?**
足の小指をものの角とかにぶつけることない?
B: ***I know, I know.*** **I hate that.**
あるある。あれって嫌よね。

あれどうなった?

How did it go?

ものごとの経過を尋ねるとき、ネイティブがよく使うのがこのHow did it go?という言い回し。カジュアルに「あれどうなった?」と言う感じ。

A: ***How did it go?*** **You know, that thing I asked you to do yesterday?**
あれどうなった? 昨日頼んでおいたやつ。
B: **Oh, yeah. Pretty good. I'll talk to you about it later.**
あぁ、あれね。うまくいったよ。あとで詳しく話すね。

いいでしょ。

Don't you love it?

自慢の逸品を人に見せびらかすときの言い方。「いいでしょ」「すごいでしょ」と、ちょっと自慢げに言う感じ。

> A: **This is the latest Louis Vuitton bag.** *Don't you love it?*
> ヴィトンの新作バッグよ。いいでしょ。
> B: **How cute! I'm jealous. I'll bet it was expensive.**
> 超かわいい〜。いいなぁ〜。高かったでしょ。

今だから言うけど。

Now I can tell you.

あとになってから、それまで言わずにいた胸の内を明かすときに言うことば。Now I can tell you.と言えば、まさに「今だから言うけど」のニュアンスになる。

> A: **The project was a big success. I feel relieved.**
> プロジェクトは大成功でしたね。ほっとしました。
> B: *Now I can tell you.* **In the beginning I thought it was hopeless.**
> 今だから言うけど、初めはまったく期待していなかったよ。

恐るべし。

Amazing.

「恐るべし」は、恐れているわけではなく、どちらかと言うと「すごい」と驚嘆している感じなので、英語ではAmazing.やIncredible.がぴったりくる。

> A: **She drank a whole sake bottle by herself.**
> 彼女ったら、一升瓶をひとりで空けちゃったよ。
> B: **Her face hasn't changed a bit.** *Amazing.*
> あれだけ飲んで顔色ひとつ変わらないとは。恐るべし。

冗談きついよ。

That's nothing to joke about.

直訳すると「それはまったく冗談にはならない」、転じて「冗談きついよ」「シャレにならないよ」といったニュアンスに。

> A: **Hey, you know, what would you say if I told you I hawked your watch?**
> ねえねえ、私があなたの時計を質屋に出したって言ったらどうする?
> B: ***That's nothing to joke about.*** **Serious?**
> 冗談きついよ。マジ?
> A: **Well...ah...**
> ……さあ。

するどいね。

Good guess.

guessは「推測」の意なので、「見事な推測」が直訳。「するどいね」を英語で言うなら、これがぴったりくる。

> A: **I see you brought a lunch from home. I know, your wife cut your allowance.**
> 今日は弁当持参ですか。さては、奥さんに小遣いを減らされましたね。
> B: ***Good guess.*** **She's saving for the down payment on a condo.**
> するどいね。マンションの頭金を貯めるんだってさ。

そう言えば……。

Come to think about it...

Come to think about it.は、思い当たるふしがあったときに、「そう言えば……」「そう言われてみると……」という感じで使うひとこと。

> A: **Do you know anything about it?**
> 何か心当たりはありませんか?
> B: ***Come to think about it...*** **I've been getting a lot of silent phone calls.**
> そう言えば……。最近、無言電話が多かったわ。

そうなんですよ〜。

You got that right.

単にYes.と言うのよりも、You got that right.と言ったほうが、より感情がこもった言い方になる。「そうなんですよ〜!」「まさにその通りなんです!」と、興奮気味に話す感じ。

A: **I heard it was a good party.**
パーティは大盛況だったようですね。
B: ***You got that right.* You have to come next time.**
そうなんですよ〜。次回は是非いらしてください。

それは意外。

I never would have guessed.

直訳すると「想像したことすらなかった」、転じて「それは意外だ」のニュアンス。もしくは、Appearances are deceiving.と言ってもOK。これは、もともとは「人は見かけによらない」という意味の言い回し。

A: **I heard that Tom's wife has him under her thumb.**
トムって、奥さんの尻に敷かれてるらしいよ。
B: **Ah?** ***I never would have guessed.***
へぇーっ。それは意外だね。

それはそれは。

Well, well...

Well, well...は、「それはそれは」「ほほう」といったニュアンスの相づちのひとこと。

A: **My daughter's getting married.**
うちの娘が今度結婚することになりまして。
B: ***Well, well...*, congratulations.**
それはそれは。おめでとうございます。

でしょ？

Isn't it?

近所の奥様が集まって午後のティータイム。そんな中、何度も耳にしそうなのが、このIsn't it?という言い回し。品良く「でしょ？」「ねっ？」って感じ。

A: **My, this cake is delicious.**
あら、このケーキ美味しいわ。
B: ***Isn't it?* I had to stand in line for it.**
でしょ？　行列ができる店で買ったのよ。

なんちゃって。

Just kidding.

調子のいいことを言ったあとに、「なんちゃって」と、おちゃらけて見せる感じ。

A: **I look good in whatever I wear. *Just kidding.***
私って何を着ても似合っちゃうのよね。なんちゃって。
B: **There you go again. That's why you don't have any friends.**
またいい気になって。あんたに友だちがいないのもうなずけるわ。

ねえねえ、知ってる？

Hey, did you hear?

話題を切り出すときによく使うのが、このDid you hear?という言い回し。「ねえ知ってる？」と楽しそうに切り出す感じ。

A: ***Hey, did you hear?* I know a secret.**
ねえねえ、知ってる？ いいこと聞いちゃったのよ。
B: **What? Don't hold back. Hurry, tell me.**
えっ、何？ もったいぶらないで、早く教えて。

バレたか。

I'm busted.

bustは「現行犯逮捕する」という意味の単語。これを使って I'm busted.とすると、「バレたか」と、ふざけて言う感じになる。もしくは、You caught me.でもOK。

A: **Geez! You drank my milk, didn't you?**
やだ〜！　私の牛乳飲んだでしょ？
B: ***I'm busted.* It's just milk.**
バレたか。牛乳くらいでケチケチするなよ。

まあね。

Yeah.

yeahはyesをカジュアルにした言い方。「まあね」と軽い感じで言うなら、これがぴったり。

A: **I heard you got a job.**
就職決まったんだって？
B: ***Yeah.* It looks like I won't have to be a bum.**
まあね。なんとかプー太郎にならずにすんだよ。

もしかして。

Don't tell me.

ピンときたときに、相手が答えを言うのを遮るように使う言葉。「(自分で当てるから) 言わないで」が直訳。「もしかして……」「それってもしかして」といったニュアンス。

A: **There's something I want to tell you about.**
ねえ、報告したいことがあるの。
B: ***Don't tell me.* You're getting married?**
もしかして。　彼氏ととうとうゴールインとか?
A: **That's right!**
ピンポーン!

よくぞ聞いてくれました。

Let me tell you about it.

「それについて話をさせてください」が直訳。こう伝えれば「よくぞ聞いてくれました」のニュアンスがだせる。

A: **I love what you did with your garden. I'm sure it wasn't cheap.**
お庭をすごく綺麗にしてるのね。お金かかったでしょう。
B: ***Let me tell you about it.* I used up my entire bonus.**
よくぞ聞いてくれました。ボーナスを全部つぎ込んだよ。

わかる?

Can you tell?

このtellは「見分ける」「分かる」という意味で使っている。ネイティブがとてもよく使うフレーズなので覚えておこう。

> A: **Hey, haven't you lost some weight?**
> あら、あなた、ちょっと痩せたんじゃない?
> B: ***Can you tell?*** **Actually, I've been on a diet. I'm determined to wear a bikini this summer!**
> わかる? 実はダイエットしてるのよ。今年の夏はビキニを着るわ!

遠慮なさらずに。

No need for formalities.

　formalityは「形式ばった行為」「おきまりのあいさつ」の意。No need for～は「～の必要はありません」という意味の言い回し。この二つを使えば「堅苦しいことは抜きにしましょう」「どうぞ遠慮なさらずに」というニュアンスがだせる。

A: **I'm sorry for barging in. We certainly didn't expect lunch.**
すみませんねぇ、突然押しかけて、お昼までご馳走になってしまって。
B: ***No need for formalities. There's still more.***
さあさ、遠慮なさらずに。おかわりもありますよ。

では遠慮なく。

I don't mind if I do.

　お茶やお茶菓子などをすすめられたときの洒落た返し方。「では遠慮なく」「遠慮なくいただきます」といったニュアンス。もちろん、ふつうにThank you.と言ってもOK。

A: **Go ahead. You might not like it.**
おひとつどうぞ。お口に合いますかどうか。
B: ***I don't mind if I do.***
では遠慮なく。

お言葉に甘えて。

I guess I'll take you up on that.

これはI'll take you up on that offer.を短く言った形。「その申し入れを受けます」、転じて「お言葉に甘えることにします」のニュアンス。

A: **I can give you a ride to the station if you'd like.**
よろしければ駅まで車でお送りしますよ。
B: **Oh, really?** *I guess I'll take you up on that.*
そうですか。ではお言葉に甘えて。

お気持ちだけいただいておきます。

I appreciate the thought.

「そのお気持ちには感謝します」が直訳。これで「お気持ちだけいただいておきます」と、とても丁寧に辞退するときの言い方になる。

A: **It's not much, but maybe you can use it to pay the taxi fare.**
これ、少ないけどタクシー代にでも使ってよ。
B: **No, I couldn't.** *I appreciate the thought.*
そんな、悪いですから……。お気持ちだけいただいておきます。

日本人が好んで使うひとこと

まぁ、そう言わずに。

Don't say that.

ほぼ直訳でOK。この前に「まあまあ」という意味のCome on.をつけると、さらに感じがでる。「まあまあ、そう言わずに」となだめるときのひとこと。

> A: **I've decided never to get on an airplane. How can a lump of steel fly?**
> 飛行機には乗らないことに決めてるんです。あんな大きな鉄のかたまりが空を飛ぶはずがない。
> B: **Come on, *don't say that*. There's nothing safer.**
> まあまあ、そう言わずに。あんなに安全な乗り物はありませんよ。

いつもすみません。

You're always so thoughtful.

日本語の「いつもすみません」は、実際には感謝などしていなくても使う、いわばあいさつのようなもの。英語にはそのような表現は存在しないが、一番近い英語をあてるならこれ。

> A: **I made too much stew, so I brought some over. Try it.**
> シチュー作りすぎちゃったから、持ってきたわ。食べて。
> B: ***You're always so thoughtful.***
> いつもすみませんね。

礼にはおよびません。

Don't mention it.

　お礼に対する答えとしてとてもよく使う言い回しがこれ。礼を言われたときだけでなく、謝罪されたときにこう言えば「いいえ、いいんですよ」の意にもなる。

> A: **I really don't know how to express my appreciation.**
> 本当に何とお礼を申し上げたらいいか……。
> B: **No, no, *don't mention it*. I just did what anyone would do.**
> いえいえ、礼にはおよびません。当然のことをしただけですから。

大したことないんです。

It's really nothing.

　「いいですねぇ」「すごいですねぇ」などとうらやましがられたり、ほめられたりすると、気恥ずかしくなる。そんなときに照れながら謙遜して放つひとことがこれ。「大したことないんです」「それほどのものではないんですよ」といったニュアンス。

> A: **I heard you have a summer home in Hawaii. I'm jealous.**
> ハワイに別荘をお持ちだとか。いいですねぇ。
> B: ***It's really nothing.* It's just a little condominium.**
> 大したことないんです。小さなコンドミニアムですから。

人並みに。(お酒は飲めますかと聞かれて)

About par for the course.

直訳すると「(ゴルフ)コースをパーで回る」、つまりaverage（普通の、平均的な）ということ。もしくは、ストレートにAbout average.や、About the same as everyone.（みなさんと同じくらい飲みます）などと言うこともできる。

> A: **Do you drink?**
> お酒はいける口ですか？
> B: **Yeah, *about par for the course*. You look like you could drink a lot yourself.**
> ええ、人並みに。あなたも強そうですね。

ほどほどにね。

All things in moderation.

「ほどほどにね」「ひかえめにしなさいよ」と事前に釘を刺しておくときのひとこと。in moderationは「ほどほどに」「度を越さないように」という意味。

> A: **I have a year-end party tonight. I'm going to drink it up.**
> 今夜は忘年会だから遅くなるよ。今夜は飲むぞ〜。
> B: ***All things in moderation*. Try not to be too late.**
> ほどほどにね。できるだけ早く帰ってきてよ。

お先にどうぞ。

Go ahead.

エレベーターに乗り込むときや入り口のドアの前などで、一緒にいた人を先に行かせる気配りのひとこと。「どうぞお先に」「お先にどうぞ」の意。

A: **Here's the elevator. *Go ahead.***
エレベーターが着きましたよ。お先にどうぞ。
B: **That's very kind of you.**
これはこれは、ご親切に。

お手柔らかに。

Go easy on me.

Go easy on me.は「お手柔らかにお願いしますよ」という意味で、ネイティブがよく使う言い回し。決まり文句なのでこのまま覚えよう。

A: **It looks like you and I are going against each other at the company bowling party.**
今度の社内ボーリング大会は君とボクとの戦いになりそうだね。
B: **It looks that way. *Go easy on me.***
そのようだね。お手柔らかに。

日本人が好んで使うひとこと

困ったときはお互いさまですよ。

I know you'd do the same for me.

「あなたもきっと私と同じことをしたでしょう」が直訳。こう伝えれば「困ったときはお互いさまです」という気持ちがしっかり伝わる。もしくは、What are friends for?と言っても似たニュアンスになる。

> A: **Thanks for taking care of my daughter. I really appreciate it.**
> 娘を預かっていただいて、ありがとうございました。助かりました。
> B: **Of course.** *I know you'd do the same for me.* **Ask me anytime.**
> いえいえ、困ったときはお互いさまですよ。またいつでもどうぞ。

お変わりありませんか。

How have you been?

ひさしぶりに会った人へのあいさつ「お変わりありませんか」は、おなじみの言い回しHow have you been?でOK。

> A: **It's been a long time.** *How have you been?*
> ごぶさたしております。お変わりありませんか。
> B: **Pretty good, thanks.**
> はい、おかげさまで。

なつかしいなあ。

It brings back the memories.

It brings back the memories.と言うと、「思い出すなぁ」「なつかしいなぁ」としみじみ語る感じになる。

A: **I've got a high school reunion coming up. *It brings back the memories.***
今度、高校の同窓会があるんだよ。なつかしいなあ。
B: **It's been about 20 years. I'm sure everyone's changed completely.**
20年ぶりでしょ。きっと、みんなすごく変わっちゃってるわよ。

目からウロコ。

It's like the scales fell from my eyes.

直訳でしっかり通じる。scaleは「ウロコ」の意。または、It's a real eye-opener.と言っても似たニュアンスが出せる。eye-openerは「はたと目を開かせるもの」「驚くべき経験」の意。

A: **This is a great English book. There's a lot of expressions I've been using wrong.**
この英語の本いいわね。勘違いして使っていた英語がけっこうあったわ。
B: **I know. *It's like the scales fell from my eyes.***
ほんと、目からウロコ。

ちゃきちゃきの江戸っ子です。

I'm a Tokyoite, born and bred.

born and bredは「生粋の」「生まれも育ちも」という意味。つまり「ちゃきちゃきの」はこれでOK。Tokyoiteは「東京都民」の意。「トーキョーアイト」と発音する。

A: **I heard you were born in Asakusa.**
へぇー、浅草生まれなんですか。
B: **That's right.** ***I'm a Tokyoite, born and bred.***
ええ、ちゃきちゃきの江戸っ子です。

早いもの勝ち。

First come, first served.

「早いもの勝ち」を英語で言うなら、これがぴったりくる。事実、ネイティブもよく使う。「先に来たものが、先に供給される」が直訳。

A: **I have some baseball game tickets to give away.** ***First come, first served.***
野球のチケットがあまってるから、ほしい人はどうぞ。早いもの勝ちよ。
B: **Please, please. Yeah! I got it!**
ちょうだいちょうだい。やったー、ラッキー!

ハイ！ チーズ！

Say cheese!

英語でも「チーズ」でOK。ただし、英語の場合は「ハイ」ではなく、Say cheese! が正解。cheeseと発音すると、顔が笑った顔になるため、「チーズって言って！」と言ってポーズをとらせる。

> A: **I'm taking a picture. Everyone *say cheese!***
> じゃあ写真を撮ります。ハイ！ チーズ！
> B: **Darn, I had my eyes closed. One more time.**
> やだ、目をつぶっちゃった。もう一回お願い。

言ってみるものですね。

I guess it never hurts to ask.

It never hurts to ask.は、よく「聞くのはタダ」という意味で使われる言い回し。これを使ってI guess it never hurts to ask.と言えば、日本語の「言ってみるものねぇ」にかなり近いニュアンスがだせる。

> A: **I thought they were going to say no, but my parents say they'll pay back my loan.**
> だめもとで親に頼んでみたら、借金の肩代わりしてくれるって。
> B: **No way!** *I guess it never hurts to ask.*
> うそ〜！　言ってみるものね。

いつまでもお若いですね。

You haven't changed a bit.

「少しもお変わりになりませんね」が直訳。もしくは、You're as young as ever.と言っても同じニュアンスになる。「いつまでもお綺麗ですね」なら、You're as beautiful as ever.と言える。

> A: **It's been a long time.** *You haven't changed a bit.*
> おひさしぶり。いつまでもお若いですね。
> B: **You're just saying that.　You're the one that hasn't changed.**
> またまた。そういうあなたこそ。

いろいろとあるんだよ。

It's not that easy.

夫が妻に向かって、帰りが遅くなった言い訳をするとき、まさにこんな言い方をしそう。「そんなに簡単ではない」が直訳、転じて「いろいろとあるんだよ」のニュアンス。

> A: **You're always so late. Can't you come home any earlier?**
> いつも帰りが遅いのね。もっと早く帰ってこられないの？
> B: *It's not that easy.* **I have to entertain clients and stuff.**
> いろいろとあるんだよ。会社の付き合いとか。

お世辞にも上手いとは言えない。

It's hard to say anything good about it.

「それについてひとつでもほめるのは難しい」が直訳。転じて「お世辞にも上手いとは言えない」のニュアンス。さりげなくダメだしをする感じ。

> A: **I drew you a map to the party. Does it make sense?**
> パーティ会場までの地図を描いてみたよ。これでわかる？
> B: *It's hard to say anything good about it,* **but somehow I'll get there.**
> お世辞にも上手いとは言えないね。でも、何とか行けそうかな。

穏やかじゃないね。

You're not being very civil.

civilは「礼儀正しい」という意味の単語。直訳すると「あなたはあまり礼儀正しくしていない」、転じて「穏やかじゃないね」のニュアンスで使える。

A: **That asshole, I'm going to beat the shit out of him!**
あの野郎、ボコボコにしてやる。
B: **Hey, hey. *You're not being very civil.* There's still room to talk.**
おいおい、穏やかじゃないね。話せばわかるよ。

風通しがいいですね。(会社の)

Your company seems really open.

この「風通しがいい」は、会社の人間関係が「率直でオープン」という意味なので、openという単語を使うとぴったりくる。

A: ***Your company seems really open.***
おたくの会社、風通しがいいんですね。
B: **I guess. It's fun to work here.**
まあね。楽しい職場よ！

考えさせられますね。

It makes you think.

　直訳すると「それはあなたを考えさせる」、転じて「考えさせられますね」のニュアンスに。reallyをつけてIt really makes you think.（本当に考えさせられますね）とすると、より深刻そうに話す感じになる。

> A: **There's been a lot of news about child abuse recently.**
> 最近児童虐待のニュースが多いね。
> B: ***It makes you think.***
> 考えさせられますね。

頑張ってきたかいがありました。

It was worth all the effort.

　努力が報われて喜ぶ気持ちを表現するならこの言い回しがぴったり。effortは「努力」「取り組み」の意。

> A: **Congratulations on the gold medal. What does it feel like?**
> 金メダルおめでとうございます。今のお気持ちは？
> B: **Well, *it was worth all the effort*. I owe it to all those who supported me.**
> はい。頑張ってきたかいがありました。みなさんのおかげです。

勘弁してくださいよ。

Give me a break.

「勘弁してくださいよ」「いいかげんにしてくださいよ」とうんざりしながら言う感じ。

A: **Come on, drink it up. You think you're too good to drink with me?**
ほれ、もっと飲め。俺の酒が飲めねえってのか。
B: *Give me a break.* **I have to go to work in the morning.**
勘弁してくださいよ。明日も朝から仕事なんですから。

気になることもあるし。

There's something I've been concerned about.

concernは「心配する」「気にかける」の意なので、こちらもほぼ直訳でOK。

A: **What should we do? Should we ask him about it?**
どうする？ 本人に聞いてみる？
B: **I guess, let's do it.** *There's something I've been concerned about.*
そうだね、そうしよう。ちょっと気になることもあるし。

ごきげんななめだね、あの人。

It looks like he's having a bad day.

It looks like...(人) is having a bad day.は直訳すると「～さんは今日は嫌な日のようだね」。こう伝えれば「～さんはごきげんななめだね」のニュアンスがバッチリでる。

A: *It looks like Mr. Tanaka's having a bad day.* He has a cloud hanging over his head.
今日の田中さん、ごきげんななめだね。しかめっ面してるよ。
B: I'll bet he got in a fight with his wife. Just leave him alone.
奥さんとケンカでもしたんだろ。ほっときな。

ご想像にお任せします。

I'll leave it up to your imagination.

もったいぶって質問をはぐらかすときの定番フレーズ。これもほぼ直訳で通じる。leave...up to～で「…を～に任せる」の意。

A: Where did you take that girl you met at the party yesterday? You're sure a quick mover.
昨日、コンパで知り合った娘と、あのあとどこに行ったんだよ？ 手が早いな。
B: *I'll leave it up to your imagination.*
ご想像にお任せします。

こればっかりはねえ。

That's one thing I can't do anything about.

または、help~with(~を助ける)という言い回しを使って、That's one thing I can't help you with. と言ってもOK。

A: **Can you wait just a little longer for the rent?**
何とか家賃を待ってもらえないでしょうか。
B: **I'd like to help you, but.... *That's one thing I can't do anything about.* I have to make a living.**
何とかしてあげたいけど。こればっかりはねえ。うちも生活かかってるから。

時間厳守で。

Be punctual.

約束に絶対に遅れないで来てほしい……そんなときにはシンプルにBe punctual. と言うだけでOK。punctualは「時間を守る」「時間に遅れない」という意味。

A: **Make sure you're at the station at 7:00. *Be punctual!***
明日は駅前に7時集合。時間厳守よ。
B: **So early?! How am I going to get up that early?**
はやっ! 絶対起きられない。

冗談じゃありません。

You (have) got to be joking.

直訳すると「あなたは冗談を言っているに違いない」、転じて「まさか、よしてくださいよ」「冗談じゃありません」といったニュアンスに。

A: **Are you on the side of the vice-president?**
君は副社長派かね。
B: *You got to be joking.* **I'm behind the president.**
冗談じゃありません。社長派です。

そうとも言える。

You could say that.

または、It sounds like it. と言うこともできる。

A: **I told Judy I loved her and she told me I was a nice guy.**
ジュディに告白したら、あなたはいい人だって言われちゃったよ。
B: **It sounds like she's dumping you.**
それって振られたってことじゃないの?
A: **Well,** *you could say that.*
まあ、そうとも言えるね。

そうも言ってられないんだ。

I wish I could.

「そうできればいいけど無理なんです」が直訳。転じて「そうも言っていられないんだ」のニュアンスに。ネイティブがとてもよく使う言い回し。

> A: **You work too hard. Why don't you take a few days off and take it easy?**
> ちょっと働きすぎよ。2、3日お休みをとってゆっくりしたら?
> B: ***I wish I could.*** **There's no way I can take time off now.**
> そうも言ってられないんだよ。今休むわけにはいかないんだ。

そそられますね。(誘われたとき)

You make it hard to say no.

直訳すると「あなたはNOと言いづらい状況にしている」、転じて「それはそそられる」「それは断れない」といったニュアンスになる。もしくは、That's an offer I can't refuse.(それは断れませんな)と言ってもOK。

> A: **How about one for the road? Let's go out with a bang.**
> 帰りに一杯どうです? パーッといきましょう。
> B: ***You make it hard to say no.***
> そそられますね。

それだけは避けたいね。

If nothing else, we want to avoid that.

avoidは「〜を避ける」「〜を回避する」という意味の単語。If nothing elseは「ほかのはダメでも、これだけは……」という意味の言い回し。

A: **At this rate, we just might go bankrupt.**
このままいくと、倒産なんてことにもなりかねません。
B: *If nothing else, we want to avoid that.* **We have to do something.**
それだけは避けたいね。何とかしないと。

それなら話は別だよ。

Now you're talking.

これはNow you're talking about something I understand.を短くした言い回しと思ってよい。つまり「今のは納得できる話だ」が直訳。転じて、「それなら話は別だ」のニュアンスに。

A: **Come on, don't say no. If you say yes, I'll do anything you ask.**
ねえ、やっぱりダメ？ OKしてくれたら、何でも言うこと聞くけど。
B: **Well,** *now you're talking.* **Leave it to me.**
それなら話は別だよ。任せといて。

それはそれ。

That's a different thing.

「それはそれ」を別の言葉で言うと「それは別の話だ」となる。したがって、これを英語にするならThat's a different thing.という言い回しがぴったりくる。

> A: **You got your bonus, didn't you? So, I still don't have to pay that loan back?**
> ボーナス入ったんでしょ？ じゃあ、この前借りたお金、まだ返さなくてもいいよね？
> B: *That's a different thing.* **I want it all back tomorrow. You promised.**
> それはそれ。ちゃんと明日までに全額返してね。約束でしょ。

適当にみつくろって。

Whatever you like.

相手に適当に好きなものを選んでもらうときの言い方なので、Whatever you like.（あなたが好きなものを適当に）という言い回しがぴったりくる。

> A: **What kind of munchies do you want?**
> お菓子はどんなのを買ってくればいいですか。
> B: *Whatever you like.* **I'll leave it to you.**
> 適当にみつくろって。任せたよ。

照れるなぁ。

You're embarrassing me.

embarrassは「きまり悪くさせる」「困らせる」の意。直訳すると「あなたは私をきまり悪くしています」、転じて「照れるなあ」「そんなぁ、よしてくれよ」といったニュアンスになる。

A: **Your wife must be happy to have such a handsome husband.**
あなたの奥さんは幸せね。こんなステキな旦那さんがいて。
B: *You're embarrassing me.* **Cut it out.**
照れるなぁ。よしてくれよ。

なかなかのものでしょう。

Not too bad, is it?

「そんなに悪くはないだろう」が直訳。だからといって謙遜しているわけではなく、むしろこれ見よがしに自慢するときに使う。

A: **Did you do this painting yourself?**
この絵はご自分で描かれたものですか？
B: **What do you think?** *Not too bad, is it?*
どうだ。なかなかのものだろう。

～によろしく。

Say hi to...

帰り際に「～によろしく」と伝えるとき、ネイティブがとてもよく使う言い回しがこれ。よりフォーマルな場面なら、Give my regards to～や、Give my best to～といった言い方がベター。

A: **Oh, I didn't realize it was so late. I'd better be going.** *Say hi to* **your husband for me.**
あら、もうこんな時間。そろそろ帰るね。旦那さんによろしく。
B: **I sure will. I'll call you later.**
わかった。また電話するね。

貧乏暇なしです。

No money and no time.

「金も時間もない」が直訳。まさに「貧乏暇なし」ということ。省略せずに言うと、I have no money and no time.となる。どちらでもOK。

A: **How's business? As busy as ever?**
どうだい景気は。相変わらず忙しそうだね。
B: **Oh, man.** *No money and no time.*
いやいや。貧乏暇なしですよ。

ほどほどにしてね。

Don't overdo it.

「ほどほどにね」「やりすぎないでね」といったニュアンスの表現。overdoは「度を越す」「やりすぎる」の意。もしくは、シンプルにTake it easy.と言ってもOK。

A: **I have to go out drinking with some co-workers tonight. Don't wait up.**
今夜は会社の付き合いで遅くなるよ。先に寝ていて。
B: ***Don't overdo it.*** **Too much alcohol is like poison.**
ほどほどにしてね。飲みすぎは体に毒よ。

またまた。

Come off it.

明らかにウソとわかる発言をした相手に、冗談っぽくかけるひとこと。「またまた」「うそ言うなよ」といったニュアンス。

A: **Ah, I wish I had a girlfriend. There's got be a nice girl somewhere.**
あ〜あ、彼女ほしいな。どこかにいい女いないかな。
B: ***Come off it.*** **You can have any girl you want.**
またまた。もてるくせに。

大人の会話に使えるひとこと

まだまだです。

I still have a long way to go.

「まだ道のりは長い」が直訳。自分のテクニックなどをほめられたときにこう言えば、「まだまだですよ」というニュアンスの、謙遜のことばになる。

> A: **You amaze me. With your technique, you'll someday be a world-class pianist.**
> さすがですね。それだけのテクニックがあれば、きっと一流のピアニストになれますよ。
> B: **Well, *I still have a long way to go.***
> いいえ、まだまだです。

よろしいんですか。

Are you sure?

Are you sure?は「本当にいいんですか？」「いいのかなぁ」と、ちょっと申し訳なさそうに尋ねるときの言い方。

> A: **Come on, have dinner with us before you go.**
> どうぞ、お夕飯でも食べていってください。
> B: ***Are you sure?* Is it okay? Well, if you insist.**
> よろしいんですか。そうですかぁ。では、お言葉に甘えて。

私が何とかしましょう。

I'll take care of it.

take care of〜は「〜の面倒をみる」という意味の有名なイディオム。これを使って、I'll take care of it.とすれば、「私が何とかしましょう」と申し出るときの自然なひとことになる。とても頼りになる感じ。

> A: **I have this client on the line and he's fuming. I don't know what to do.**
> お客さんが電話口でカンカンなんです。もう、どうしたらいいのか……。
> B: **Well, pass him to me. *I'll take care of it.***
> じゃあ、電話を回して。私がなんとかしましょう。

おつなぎします。

Let me connect you.

ビジネスシーンで大活躍のこの言い回し。覚えておいて損なし。

A: **This is Hiroshi Yamada. I'd like to talk to Mr. Tanaka in sales.**
山田と申しますが、営業部の田中さんはいらっしゃいますか？
B: *Let me connect you.* **Could you hold for just a moment?**
はい、おつなぎします。少々お待ちください。

ヨロシク頼むぞ！（上司が部下に）

Any complaints?

強引な命令をしたあとに上司が言う「ヨロシク頼むぞ」は、ある種の脅し文句のようなものなので、Any complaints?という言い回しがぴったりくる。「何か文句あるか？」が直訳。もしくは、Everyone okay with that?（みんなそれでいいな）と言っても似たニュアンスがでる。

A: **It looks like we're all going to have to work overtime.** *Any complaints?*
今日は全員で残業になりそうだな。ヨロシク頼むぞ！
B: **You're kidding.**
そりゃないよ〜。

着々と進んでいます。

We're on schedule.

on scheduleは「予定どおりに」「スケジュールどおりに着々と」という意味の言い回し。または、より説明的にWe're moving steadily ahead.と言ってもOK。

A: **How are the evictions going for that new condominium?**
マンション建設に向けての、住人の立ち退きは進んでいるかね?
B: ***We're on schedule. There's nothing to worry about.***
はい、着々と進んでいます。ご安心ください。

何とかなりそうです。

I'll manage.

または、I think somehow it'll be all right.と言ってもよい。

A: **What about that, you know? I guess it's going to be difficult.**
例の件はどうなった? やっぱり難しそうかね。
B: ***I'll manage. I need a little more time.***
何とかなりそうです。もう少し時間をください。

今のところ順調です。

So far, so good.

とてもネイティブらしい言い回し。決まり文句なのでこのまま覚えてしまおう。

A: **How's the project going?**
プロジェクトの進み具合はどうだね。
B: ***So far, so good.*** **At this pace, we'll finish before the deadline.**
今のところ順調です。このままいくと、納期前に完成しそうです。

まかせてください。

It's taken care of.

「それは心配いりません」「それはおまかせください」といったニュアンス。または、We can take care of it.や、We can handle it for you.などと言っても同じ意味になる。

A: **What about the guarantee on this copy machine?**
このコピー機、保証なんかはどうなんでしょう。
B: ***It's taken care of.*** **We have a great after-sales service program.**
おまかせください。アフターケアは万全ですから。

それは初耳だね。

That's a first for me.

firstを名詞として用いて、That's a first for me.（それは私にとっては初めての話だ）とすれば、「それは初耳だ」のニュアンスになる。

A: **I heard Dave's going to quit his job and start his own business.**
今度デイブが会社を辞めて独立するんだって。
B: ***That's a first for me. He's sure got guts.***
それは初耳だね。思い切ったことするなぁ。

バカ言うな。

What the hell are you talking about?

「バカ言うな」「何おかしなこと言ってんだ」「そんなはずがないだろう」といったニュアンス。ふつうにWhat are you talking about?と言うのではなく、the hellをつけているところがミソ。これで、呆れながら話している感じがでる。

A: **I heard you got a big contract. Now we can sit back and relax.**
大口の契約が取れてよかったですね。これで会社も安泰だ。
B: ***What the hell are you talking about? The real work is just starting.***
バカいうな。これからが正念場だよ。

とんでもありません。

I can't take the credit.

このcreditは「名誉」「賞賛」の意。もしくは、I don't deserve it.と言っても、ほぼ同じ意味になる。

> A: **Thanks to you, the project was a big success. The company is proud of you.**
> 君のおかげでこのプロジェクトは大成功だ。君はわが社の誇りだよ。
> B: ***I can't take the credit. I owe it all to my co-workers.***
> とんでもありません。みんなのおかげです。

思いつきなんですが。(謙遜して)

I just thought it up.

think upは「思いつく」という意味の熟語。さらにjustが「ただの」「単なる」といった意味なので、I just thought it up.とすると「ただの思いつきなんですけどね」と、ちょっと謙遜して言う感じになる。It just came off the top of my head.と言っても同ニュアンス。

> A: **That's a good idea. You might win the Nobel Prize.**
> それは妙案だな。ノーベル賞ものだよ。
> B: ***I just thought it up.***
> 思いつきなんですが。

前向きに検討いたします。

I'll give it serious thought.

口先だけの場合は、I'll think about it.という言い方をよく使う。本当にそのつもりがあるなら、I'll give it serious thought. のほうがおすすめ。

> A: **I'll give you a good price, so please think about it.**
> お安くしておきますので、何とぞよろしくお願いいたします。
> B: ***I'll give it serious thought.***
> 前向きに検討いたします。

いまいち。

Something's not quite right.

または、ストレートにIt still needs more work.（もっと手直しが必要だ）と言っても似たニュアンス。

> A: **I've been reworking the plan. What do you think?**
> 企画を練り直してみたのですが、どうでしょう？
> B: **Mm, *something's not quite right*. It needs more ...you know...pizzazz.**
> う〜ん……いまいち。もっとこう、なんと言うか……、勢いのようなものがほしいなあ。

そんなもんでしょ。

This'll do.

軽く「そんなもんでしょ」「まあそれでいいんじゃない」とOKを出す感じ。That'll have to do.と言っても同ニュアンスになる。

A: **I rewrote the proposal. How about this?**
企画書を書き直してみたんですが。こんなもんでどうですか。
B: ***This'll do.***
そんなもんでしょ。

お忙しいところ恐縮ですが。

I know you're busy, but...

ほぼ直訳でOK。このように言えば、申し訳なさそうに話し掛ける感じがよくでる。ひかえめで好印象な言い方。

A: **Hello. *I know you're busy, but* I'd like to tell you about our new copy machine.**
こんにちは。お忙しいところ恐縮ですが、新しく発売されたコピー機のご紹介に……。
B: **I'm not interested.**
あ、うちはけっこうです。

たびたびすみません。

I'm sorry to keep bothering you, but...

botherは「わずらわせる」「面倒をかける」の意。I'm sorry to keep...は、「〜し続けてしまってすみません」という意味の言い回し。

A: ***I'm sorry to keep bothering you, but** could you help me with this part one more time?*
たびたびすみません。もう一回ここのところを教えていただけますか。
B: **Oh, okay, but this is the last time.**
ああ、いいけど……。これで最後にしてくれよ。

つかぬことを伺いますが。

Sorry for asking such a stupid thing, but...

「こんなおかしな質問をしてしまってすみませんが……」が直訳。こう伝えれば、日本語の「つかぬことを伺いますが」のニュアンスがよくでる。I know this is a stupid question, but...と言ってもOK。

A: ***Sorry for asking such a stupid thing, but** didn't you graduate from A University?*
つかぬことを伺いますが。A大学のご出身ではないですか?
B: **Yeah, but how do you know?**
ええ、そうですけど。どうして知っているんですか。

ご都合はいかがですか。

When would be convenient for you?

丁寧に相手の都合を尋ねるときによく使う言い方。「いつだと都合がいいですか」「ご都合はいかがですか」といった意味で、ビジネスシーンでも使える。convenientは「都合のよい」の意。

A: **I'd like to drop by for a meeting tomorrow.** *When would be convenient for you?*
明日打ち合わせに伺いたいのですが。ご都合はいかがですか。
B: **Anytime tomorrow would be fine. How about 2:00?**
明日なら何時でも大丈夫です。2時でどうでしょう?

ごもっともです。

You're right about that.

「それに関してあなたは正しいことを言っている」が直訳。これで「ごもっともです」とうなずきながら言うひとことに。

A: **I don't think he has any right to ask me about my private life.**
彼には私にプライベートな質問をする権利などないはずだ。
B: *You're right about that.* **You'll just have to ignore him.**
ごもっとも。とにかく無視しましょう。

それで手を打ちましょう。

It's a deal.

dealは「契約」の意。It's a deal.で「いいとも」「それで手を打とう」といった意味になる。ネイティブがとてもよく使う決まり文句なのでこのまま覚えてしまおう。

A: **We'd like to ask you to somehow give us this price.**
わが社としては、何とかこの値段でお願いしたいのですが。
B: **All right.** ***It's a deal.***
わかりました。それで手を打ちましょう。

では、そういうことで。

So, it's decided.

打ち合わせの最後に、次の打ち合わせの日程を決めて席を立ちながらひとこと。そんなときにぴったりなのが、このSo, it's decided.という言い回し。

A: **Let's meet again on Wednesday next week.** ***So, it's decided.***
次の打ち合わせは来週の水曜日にしましょう。では、そういうことで。
B: **Okay, see you next week.**
はい、ではまた来週。

大船に乗った気持ちでいてください。

You can count on me.

count onは「～を頼りにする」という意味の言い回し。「私におまかせください」「大船に乗った気持ちでいて」のニュアンス。

A: **You're the only one I can depend on.**
もうあなたしか頼る人はいないんです。
B: **All right.** *You can count on me.*
わかりました。大船に乗った気持ちでいてください。

口で言うのは簡単ですよ。

That's easy to say.

That's easy to say but difficult to do.を短く言った形がこれ。直訳すると「口で言うのは簡単だ」、転じて「そうも言ってられないんです」のニュアンスに。自分の苦しい立場を訴えるときのひとこと。

A: **Overtime again? Why don't you call it a day?**
また残業か。そろそろ切り上げたらどうだ。
B: *That's easy to say.*
そうも言ってられないんです。

うっかりしていました。

It slipped my mind.

　伝言をうっかり伝え忘れて上司から大目玉！　こんなときには、四の五の言わずに素直に非を認めるのが一番。このslipは「抜ける」の意。直訳すると「頭から抜けちゃっていました」、転じて「うっかりしていました」「忘れてしまっていました」のニュアンスになる。

A: **How could you forget to tell me I have a call?　Get with it.**
ちゃんと電話があったことを伝えてくれなくちゃダメじゃないか。しっかりしてくれよ。
B: *It slipped my mind.*　**I'm so sorry.　I won't let it happen again.**
うっかりしていました。すみません、以後気をつけます。

私事で恐縮ですが。

On a personal note, ...

　会社の上司や、取引先の人に結婚の報告。そんなときには、ちょっとかしこまったこの言い回しがぴったりくる。

A: *On a personal note,* **I'll be getting married soon.**
私事で恐縮ですが、このたび結婚することになりました。
B: **Congratulations.　I wish you the best.**
それはおめでとうございます。お幸せに。

ちょうどいいです。(試着して)

Just perfect.

もしくは、It's a perfect fit.やIt's perfect.でもOK。また、Just how I like it.（ちょうど好みの大きさよ）と言っても同じニュアンスが出せる。「風呂の湯加減がちょうどいい」なら、Just right.と言えばよい。

> A: **How does it fit?**
> ご試着のほうはいかがでしたか。
> B: ***Just perfect.***
> ちょうどいいです。

色をつけますよ。(店員が客に向かって)

I'll do something about the price.

「安くしておきますよ」という意味で使うなら、このI'll do something about the price.がぴったりくる。もしくは、もっとストレートにI can give you a little discount.と言ってもOK。

> A: **This is a bit high...**
> この値段ではちょっとねえ……。
> B: ***I'll do something about the price.* You won't be sorry.**
> 色をつけますよ。損はさせません。

イチオシです。

It's our best recommendation.

　recommendationは「推薦」の意。これは製品以外でも、いろいろな場面で使える言い回し。製品に限定するなら、It's our No.1 product.という言い方もできる。

A: **Now, what about this?** *It's our best recommendation.*
こちらの商品などいかがでしょう。当店のイチオシです。
B: **Oh, my! I'll take it.**
あら〜、ステキね。これいただくわ。

ご相席でよろしいですか。

Would you mind sharing a table?

　レストランで働く人なら、ぜったいに知っておきたいこの表現。shareは「共有する」「分ける」の意。Would you mind...?は「〜してもかまいませんか」という意味の言い回し。

A: **Welcome.** *Would you mind sharing a table?*
いらっしゃいませ。ご相席でよろしいですか？
B: **Well...I'll come back later.**
そうですか。ではまたにします。

とりあえずビール。

We'll start with a round of beer.

start with~は「~で始める」という意味の言い回し。We'll start with~とすれば、「とりあえず~から」と注文するときの言い方になる。

> A: **Hi, how are you today? Are you ready to order?**
> いらっしゃい! お客さん、何にします?
> B: *We'll start with a round of beer. Cold beer. Oh yeah, and edamame!*
> とりあえずビール。よく冷えたやつね。あ、それと、枝豆!

とりあえず結構です。

That's all for now.

飲み物やデザートなどの勧めを、いったん断っておくときの言い方。「今のところはそれで全部です」が直訳。これで「とりあえず結構です」のニュアンスに。

> A: **Is there anything else you'd like? How about dessert?**
> ご注文は以上でしょうか。デザートはいかがですか。
> B: *That's all for now.*
> とりあえず結構です。

ごはん大盛りで。

A big helping of rice.

big helping of~は「~の大盛り」の意。

A: **I'd like the A lunch set.** *A big helping of rice.*
A定食ください。ごはん大盛りで。
B: **I'm sorry, but A has sold out. We still have B.**
すみません。A定食は売り切れてしまいまして。B定食ならありますが。

飽きのこない味だね。

It's a taste you don't get tired of.

「飽きる」はget tired ofというおなじみの表現でOK。ほぼ直訳で、It's a taste you don't get tired of.とすれば「飽きのこない味だね」のニュアンスに。

A: **This green-tea ice cream is delicious. I can't get enough of the bitter taste.**
この抹茶アイス、すごくおいしいね。この苦味がたまらない。
B: *It's a taste you don't get tired of.* **I could go on eating this forever.**
飽きのこない味だね。いくらでも食べられそう。

ほっぺたが落ちそう。

It's scrumptious.

scrumptiousは「とてもおいしい」「ほっぺたが落ちるほどおいしい」という意味の単語で、食べ物をほめるときに使える、最上級のほめ言葉。こんなに喜んでもらえれば、腕を振るったかいがあるというもの。

> A: **This chocolate cake is great. It's not too sweet—just the right bitter taste.**
> このチョコレートケーキおいしいわね。甘すぎなくて、苦味が絶妙で。
> B: **Definitely. It's delicious. *It's scrumptious.* I can't get enough of this.**
> ほんとうよね。ほっぺたが落ちそう。いくらでも食べられるわ。

あのセリフ、ネイティブならこう言います ①

「ええ〜い、頭が高い！　控えぃ、控えおろう！この紋所が目に入らぬか〜っ！」
『水戸黄門』

Hey, you! You're too proud! Lower yourself! Can't you see this crest?!

　lower oneselfは「自分自身の品位を落す」という意味の言い回し。Lower yourself!と言えば、「控えぃ、控えぃ！」と、偉そうに命令するニュアンスになる。「紋所」は「家紋」のことなのでcrestでOK。

「やっておしまいなさいっ！」
『水戸黄門』

Take care of them!

　このtake care of〜は「〜を片づける」「始末する」という意味。黄門さまの強気な性格がよくでたひとこと。

「お主も悪よの〜。ふぉっ、ふぉっ、ふぉ〜っ！」
（越後屋と悪代官の会話）

You're rotten to the bone. Ah-ha-ha!

　rotten to the boneは「骨まで腐っている」の意。つまり「根っからの悪人」ということ。

「迷わず地獄に落ちるがよい！」
『長七郎江戸日記』

You can go straight to hell!

　go straight to...は「〜に直行する」の意。

気合を入れていくぞ！

Let's give it our best.

give it one's bestは「全力を尽くしてやる」という意味の言い回し。「気合を入れろ」も、この言い回しでバッチリ。

A: **We've almost reached the sales goal for this month.**
もうちょっとで今月の売上げ目標を達成できます。
B: **Great. We're in the final stretch. *Let's give it our best.***
よし。最後の追い込みだ。気合を入れていくぞ。

これはいける！

They're going to do it!

期待を込めて「これはいけるぞ！」「いけそうだ！」と言う感じ。もしくは、It's going to happen.と言っても似たニュアンスになる。

A: **Japan's soccer team has a one-point lead on France at half time.**
日本サッカーチームがフランスを相手に前半終わって1点リードしてるぞ。
B: ***They're going to do it!* It's going to be a big upset.**
これはいけるぞ！　大金星だ。

そうこなくちゃ。

That's what I was waiting for.

「それを待っていたんです」が直訳。「待ってました」「そうこなくっちゃ!」といったニュアンスのひとこと。または、I was hoping you would say that.としても似たニュアンスがだせる。どちらでもOK。

A: **Let's call it quits and go get a drink. I'm paying. It's on me.**
仕事はこれくらいで切り上げて、飲みに行こう。俺のおごりだ。
B: ***That's what I was waiting for.***
そうこなくちゃ。

やればできる!

If you try, you can do it!

こちらもほぼ直訳でOK。または、You can do it!と言うだけでも似たニュアンスがだせる。

A: **I can't do this. It was too difficult for me to begin with.**
もう無理です。初めからボクには無理だったんです。
B: ***If you try, you can do it!*** **Don't give up now.**
やればできる! 諦めるのはまだ早い。

だめでもともと。

We have nothing to lose.

「失うものは何もない」が直訳。これで「だめでもともとだ」と言うのと同じメッセージがしっかり伝わる。または、What do we have to lose?でもOK。

> A: **Let's give up. We're not going to get anyone to listen to us doing cold calls.**
> もうあきらめよう。アポも取らずに行ったって、きっと話も聞いてもらえないよ。
> B: **Let's do what we can do. *We have nothing to lose.***
> やるだけやってみようよ。だめでもともとじゃないか。

ものは試しだよ。

You just have to try it.

もしくは、Why not give it a try?と言っても同じニュアンスになる。

> A: **Hey, isn't that the hair-growing medicine everyone's talking about? Does it work?**
> あら、それって今話題の毛生え薬ね。本当に効果あるの？
> B: **Who knows? *You just have to try it.***
> さあね。ものは試しだよ。

一理あるな。

It makes sense.

make senseは「なるほどと思う」「筋が通っている」という意味の言い回し。ほかにもYou have a point.という言い方もあるので覚えておこう。

A: **From now on we need to work on developing products for the elderly rather than for youngsters.**
これからは若い人よりも、高齢者にうける商品の開発に力をいれるべきです。
B: **Mm, you're right.** *It makes sense.*
ふむ、たしかに。一理あるな。

それも手だな。

That's an idea.

別の言葉を使うと「そういう案もあるな」ということなので、That's an idea.という表現を使うとぴったりくる。簡単な単語だけでも、意外となんでも言えてしまう。

A: **Let's leave LA early and drop by Hawaii on our way back.**
ロサンゼルスを早めに出発して、ハワイに寄ってから帰ろうよ。
B: **Well,** *that's an idea.* **Okay, it's decided!**
う〜ん、それも手だな。よしっ、決定！

気が利いてるね。

Just what I needed.

絶妙なタイミングで、ほしかったものが目の前に! そんなとき、ネイティブがニンマリしながら言うひとことがこれ。「ちょうどほしかったところだ」が直訳、転じて「気が利いてるね」のニュアンス。

> A: **Tough day, huh? Here's a cold washcloth.**
> ごくろうさま。冷たいオシボリをどうぞ。
> B: **Oh, *just what I needed*. I'm soaking in sweat.**
> おお、気が利いてるね。もう汗びっしょりだ。

ちょうどよかった。

Good timing.

日本語でもよく使う「グッドタイミング」でOK。日本語と意味も使うところも一緒。

> A: **I'm going to make a trip to the post office. Do you need anything?**
> ちょっと郵便局に行ってきます。何かありますか?
> B: ***Good timing*. Could you send this by express?**
> ちょうどよかった。これを速達で出しておいてくれる。

ゾクゾクする。(興奮して)

It sends a shiver up my spine.

shiverは「震え」、spineは「背骨」の意。直訳すると「背骨に震えを起こさせる」、転じて「ゾクゾクする」のニュアンスになる。

> A: **I've wanted to ride this roller coaster for so long.** *It sends a shiver up my spine.*
> このジェットコースターずっと乗ってみたかったのよね。ゾクゾクしちゃう。
> B: **I hate this. I'm scared of heights.**
> いやだな〜。高所恐怖症なんだよ。

やみつきになりそう。

I'm almost addicted.

まだ「〜になりそう」と可能性を述べているだけなので、I'm almost...という言い回しをするとぴったりくる。addictedは「やみつきになっている」の意。

> A: **This chocolate is just wonderful.** *I'm almost addicted.*
> このチョコレート、ほんとおいしいわ。やみつきになりそう。
> B: **I know! It's not overly sweet. It's just indescribable.**
> でしょ？ 甘さひかえめで。なんともいえないのよね。

ほれぼれしちゃう。

I could really fall for him.

fall forは「〜にほれ込む」「恋する」といった意味の言い回し。I could really fall for him.と言えば、「ほれぼれしちゃうわ……」と見とれながら言う感じになる。

A: **Bill has such a hunky body.** ***I could really fall for him.***
ビルっていい体してるわよね。ほれぼれしちゃう。
B: **I know. Those big arms and strong chest...he's perfect.**
そうよね〜。あの太い腕といい、厚い胸板といい。完璧だわ。

お互いさまだよ。

You're as bad as I am.

「あなたも私と同じくらい悪い」が直訳。これで「お互いさまでしょ」「人のこと言えないでしょ」といった嫌味なニュアンスがバッチリでる。

A: **Can't you do something about that snoring? I'm not getting enough sleep.**
あなたのイビキなんとかならないの。寝不足で大変よ。
B: **Well, you keep grinding your teeth.** ***You're as bad as I am.***
君だって歯ぎしりするじゃないか。お互いさまだよ。

足を洗ったんだ。

I washed my hands of that.

英語では「足」ではなく、「手」を洗う。これで「きれいさっぱりやめた」「足を洗った」という意味になる。

> A: How's it going? Are you still addicted to betting on horses?
> どう、最近？ 相変わらず競馬やってる？
> B: *I washed my hands of that.*
> 足を洗ったんだ。

心を入れ替えます。

I'm a new man.

直訳すると「私は新しい人間です」。こう伝えれば、「心を入れ替えます」とほぼ同じニュアンスになる。もしくは、シンプルにI'm going to change.としてもOK。

> A: Listen now, don't ever do anything that requires the cops again.
> いいな、もう二度と警察のやっかいになるようなことはするなよ。
> B: Yes, sir. *I'm a new man.*
> はい、心を入れ替えます。

無理もない。

What do you expect?

タイミングよくWhat do you expect?（何を期待しているの？）と言えば、「無理もないよ」「あたりまえじゃないか」といったニュアンスのひとことになる。

> A: **Maybe I'm getting old. I haven't been feeling so great.**
> もう年なのかな。最近、なんだか体の調子が悪くてね。
> B: ***What do you expect?*** **Everyday you work so late. You work too hard.**
> 無理もないよ。毎日あんなに遅くまで残業してるんだから。働きすぎだね。

あのセリフ、ネイティブならこう言います ②

「これでいいのだ」
『天才バカボン』

Everything's fine now.

　そのまま訳すと「これですべてオッケー」という意味。脳天気なバカボンパパの決めゼリフ「これでいいのだ」を英語にするなら、これがぴったり。

「月に代わってお仕置きよ！」
『美少女戦士セーラームーン』

I'll punish you in the name of the moon!

　in the name of...は「～の名において」「～に代わって」という意味の言い回し。言葉の響きがかっこいいので、決めゼリフにはぴったり。

「岡、エースをねらえ……」
『エースをねらえ！』

Oka, go for the ace.

　go for～は「～を狙う」「～を目指す」の意。短くてシンプルだが、むしろそのほうが心がこもる。

「ジョー、立つんだジョー！」
『あしたのジョー』

Joe! Stand up, Joe!

　そのまま直訳でどうぞ。

それでこそ君だよ。

That's just like you.

「それはまさに君らしい」が直訳。その人らしい言動を見聞きして、「それでこそ君だよ」としみじみと言うなら、この言い回しでバッチリ。

> A: **Getting depressed isn't going to help. Whatever will be will be.**
> 落ち込んでいても仕方がない。明日は明日の風が吹く！
> B: **Wow, it sure didn't take you long to get over it. *That's just like you.***
> さすが、立ち直りが早いな。それでこそ君だよ。

さすがだね〜。

You amaze me.

「さすがだね〜」は、あまりのすばらしさに驚きながら言うことばなので、「驚嘆させる」という意味のamazeを使うとぴったりくる。

> A: **I finished inputting that data you asked me to do. Is there anything else?**
> 頼まれていたデータの入力、すべて終わりました。ほかに何かありますか？
> B: **You finished all that already? *You amaze me.***
> あれだけあったのに、もう終わったの？ さすがだね〜。

なかなかやるな。

Not bad.

Not bad.は「悪くはない」と言っているわけではなく、「けっこうやるな」「なかなかやるね」といった意味の立派なほめ言葉。

> A: **I bowled a 200 yesterday. I was on a roll.**
> 昨日ボーリングで200点出したよ。絶好調だった。
> B: **Wow, *not bad*. I'll take you on someday.**
> へーぇ、なかなかやるな。今度勝負しよう。

見直したよ。

I didn't think you could do it.

「できるとは思わなかったよ」が直訳。転じて「見直したよ」のニュアンスに。ネガティブな含みはなく、素直にほめる感じがだせる。

> A: **You finished a full marathon? That's incredible. *I didn't think you could do it.***
> フルマラソンを完走したんだって。すごいじゃないか。見直したよ。
> B: **Well, you know...I just wanted to show you I could do it if I tried.**
> まあね。ボクだってやればできるってところを見せたくてさ。

よかったですね。

I'm happy for you.

I'm happy for you.は、ネイティブがとてもよく使う祝福のことば。暖かみのあるひとことで、「本当によかったですね」のニュアンス。とても心がこもっている感じがする。退院のお祝いや、結婚のお祝いなど、いろいろな場面で使えるので覚えておこう。

A: Congrats on getting out of the hospital. *I'm happy for you.*
退院おめでとうございます。よかったですね。
B: Thanks to you. Sorry for worrying you.
おかげさまで。ご心配をおかけしました。

たまにはいいこと言うね。

Sometimes you make sense.

「あなたはたまに筋の通ったことを言う」が直訳。転じて「たまにはいいこと言うね」と嫌味を言うときのひとことに。

A: Let's use both sides of the copy paper. There's a limit to resources.
コピー紙は裏まで使おう。資源には限りがあるからね。
B: *Sometimes you make sense.* Or...maybe you're just being stingy.
たまにはいいこと言うね。それとも、ケチなだけだったりして。

うまいことやったな。

That's the way to do it.

That's the correct way to do it.を短くした言い回し。日本語の「うまいことやったな」を英語にするなら、これがぴったりくる。

> A: **My dad used his connections and got me a job at the bank. I lucked out.**
> パパのコネで銀行に就職できたの。ラッキーだったわ。
> B: ***That's the way to do it.* It looks like I'm destined to be a part-timer.**
> うまいことやったな。俺はこのままだとフリーターだよ。

考えたねぇ。

That's smart.

smartは「利口な」「賢い」の意。もしくは、That's thinking.と言っても似たニュアンスがだせる。

> A: **If you change this, then I'm sure it'll work.**
> ここをこうすれば、何とかなるんじゃないかと……。
> B: **Oh, I see. *That's smart.***
> なるほど。考えたねぇ。

よく言った。

I'm impressed.

「よく言った」は、ふつう「えらい」「感心した」という意味で使われる言葉なので、I'm impressed. でバッチリ通じる。impressは「感心させる」「感銘を与える」の意。

A: **Now I have a child, so I have to be a breadwinner.**
子どもも生まれたことだし、これからは大黒柱として一家を支えなくては。
B: ***I'm impressed.** It's a man's job.*
よく言った。それでこそ男だ。

ずいぶんと弱気だね。

You're not looking very confident.

confidentは「自信のある」の意。「あまり自信がないように見えるね」が直訳。

B: **I'm always screwing up. I feel like I've lost all my confidence.**
何をやってもうまくいかない……。なんだか自信がなくなってきたよ。
A: ***You're not looking very confident.** Where's your old self?*
ずいぶんと弱気だね。君らしくもない。

気のせいだよ。

I'm sure it's just in your mind.

または、It's all in your head.と言ってもOK。もしくは、You worry too much.（心配しすぎだよ）でも似たニュアンスになる。

> A: **I have this feeling that someone's watching me. I wonder if it's a stalker.**
> 最近、いつも誰かに見られているような気がするの。ストーカーかしら。
> B: ***I'm sure it's just in your mind.***
> きっと気のせいだよ。

無理しないでね。

Take it easy.

もしくは、Don't overdo it.やDon't work yourself to death.などと言うこともできる。シンプルにDon't work too hard.でもOK。

> A: **I'm going to be working late tonight. Don't wait up for me.**
> 今夜も残業で遅くなるよ。先に寝ていいから。
> B: ***Take it easy. Your body's your biggest asset.***
> 無理しないでね。体が資本なんだから。

せめてもの救いだね。

It could have been a lot worse.

直訳すると「もっと悪くなってもおかしくなかった」、転じて「せめてもの救いだ」「不幸中の幸いだ」のニュアンス。

A: **I'm upset about getting robbed, but I'm glad no one was home when it happened.**
ドロボウに入られたのは悔しいけど、誰も家にいないときでよかったわ。
B: **Yeah.** *It could have been a lot worse.* **Even the robbers are getting vicious these days.**
そうだね。せめてもの救いだね。最近は空巣も凶悪になってきてるから。

まあまあ。(相手をなだめて)

Take a deep breath.

直訳すると「深呼吸して」、転じて「まあまあ」「冷静に」「落ち着いて」と、興奮したり怒っている相手をなだめるときのひとことになる。もちろん、ふつうにCalm down.と言ってもOK。

A: **My boss really pisses me off. That barcode head!**
あの部長にはほんとむかつく、バーコード頭め！
B: *Take a deep breath.*
まあまあ。

やけにならないで。

Don't be too hard on yourself.

ネイティブがよく使うはげましの言葉。「やけにならないで」「やけくそになっちゃだめ」といったニュアンス。

> A: **I made another stupid mistake at work. Maybe this job isn't for me.**
> 会社でまたドジやっちゃったよ。この仕事に向いてないのかな……。
> B: ***Don't be too hard on yourself.* Something good will happen someday.**
> やけにならないで。そのうちいいこともあるわよ。

何かいいことでもあった?

Good news?

こんなに短いひとことで完璧。直訳は「いい知らせ?」「いいニュース?」だが、ニコニコ顔の人に向かってこう尋ねれば「なにかいいことでもあったの?」のニュアンスになる。

> A: **What's up? Why the smile? *Good news?***
> どうしたの? うれしそうな顔して。何かいいことでもあった?
> B: **Well. You really want to know?**
> どうしようかなぁ。言っちゃおうかなぁ〜。

いつの間に?

When did that happen?

いきなりの展開の早さに目を丸くしながら放つひとこと。「それはいつ起こったの?」が直訳。転じて「いつの間に?」のニュアンス。

> A: **Did I tell you, I'm getting married?**
> 言ったっけ? 私結婚するのよ。
> B: ***When did that happen?*** **I didn't even know you were dating anyone.**
> いつの間に? 付き合っている人がいることすら知らなかったわ。

いい感じ。

(It's) Looking good.

「~はどう？」「~はうまくいっている？」などと聞かれたときの答え方。「いい感じよ」「うまくいっているよ」と、楽しそうに答える感じ。

> A: How are you getting along with your young boyfriend?
> 年下の彼氏とはうまくいってるの？
> B: *(It's) Looking good.* My motherly instincts are taking over.
> いい感じよ。なんだか、母性本能がくすぐられちゃうのよね。

大胆！

That's bold!

boldは「大胆な」「思い切った」の意。

> A: Hey, look at that. What a bikini! And that T-back!
> ほら、見てみろよ。すげ～ビキニ。ティーバックじゃん。
> B: I'll say. *That's bold!* Foreigners are just different from us.
> おぉ～。大胆。外国の人は違うね。

びっくりしちゃった。

I couldn't believe it.

「信じられなかった」が直訳。転じて「ビックリしちゃった」「まさかって感じ」といった驚きの表現に。

> A: **I heard she's been divorced twice. *I couldn't believe it.***
> 彼女ってバツニなんですってよ。びっくりしちゃった。
> B: **Appearances are deceiving.**
> 人は見かけによらないものね。

のろけちゃって。

You lucky bastard.

You bastard.だけだと、「このろくでなし」と罵るときのひとことになってしまうが、間にluckyを入れるとニュアンスは一変。「この幸せものが」「のろけちゃって」と、のろけている相手をふざけ半分でちゃかす感じのひとことになる。

> A: **My girlfriend is such a great cook. I'm so happy it scares me.**
> 彼女って料理がすごく上手なんだ。幸せすぎて怖いよ。
> B: **You...*you lucky bastard.***
> この〜。のろけちゃって。

そんな気がしてたよ。

I might have guessed.

「そうかなあとは思っていたよ」「なんだかそんな気がしたわ」といったニュアンスの言い回し。

> A: **The T-shirt you gave me is too small for me.**
> あなたからもらったTシャツ、私には小さすぎて着られなかったわ。
> B: **Oh, really?** *I might have guessed.*
> やっぱり？ そんな気がしてたんだよね。

水くさいなぁ。

You don't have to beg.

begは「頼む」「熱心に請う」の意。直訳すると「頼む必要などない」、転じて「水くさいな」のニュアンスに。

> A: **I haven't eaten anything for two days. Could you lend me anything, even just a 100 yen?**
> もう2日も何も食べてないんだ。100円でいいから貸してくれないかな。
> B: *You don't have to beg.* **What are friends for? Here's 10,000 yen. You can pay me back anytime.**
> 水くさいなぁ。仲間だろ。はい、1万円。返すのはいつでもいいから。

冷たいなあ。

Don't be so cold.

Don't be so cold.（そんなに冷たくしないでよ）と言えば、「冷たいなあ」のニュアンスがバッチリでる。または、Don't be so cruel.などと言ってもOK。

> A: **I told you not to call me. You're too pesky.**
> もう電話してこないでって言ったでしょ。しつこいわね。
> B: ***Don't be so cold.*** **We used to date, or have you forgotten?**
> 冷たいなあ。一度は付き合った仲じゃないか。

渋いね。

That's cool.

「かっこいい」「渋くてかっこいい」という意味のスラングcoolという単語を使う。同じくスラングのtightを使って、That's tight.としてもOK。ただし、こちらは若者言葉。

> A: **So, what do you think of my T-shirt? I got it at a vintage clothing shop.**
> どう、このTシャツ？ 古着屋で買ったんだ。
> B: **Wow, *that's cool.***
> おぉ～、渋いね。

古いなあ。

That's so yesterday.

　yesterdayはもちろん「昨日」という意味の単語だが、ネイティブはこれを「古い」という意味でも使う。ダイアログのような状況でYou're so yesterday.と言えば、「古いなあ」と面白がるニュアンスに。

> A: **I'm going to sing Pink Lady next. With dance moves, of course.**
> 次はピンクレディ歌っちゃうよ。もちろん振りつきで。
> B: ***That's so yesterday.*** **Everyone's going to know how old you are.**
> 古いなあ。年がバレるよ。

気合入ってるね。

You're really serious, aren't you?

　最後を付加疑問文にしているところがミソ。これで「おぉ、…だね」とフレンドリーに話しかける感じがでる。

> A: **I'm going to an all-you-can-eat restaurant, so I skipped lunch.**
> 食べ放題レストランに行くから、今日は昼を抜いてきたよ。
> B: ***You're really serious, aren't you?*** **You got to get your money's worth.**
> おぉ〜、気合入ってるね。もとをとらなきゃね。

自慢じゃないけど。

I don't mean to brag, but...

「自慢じゃない」とは言いながらも、実際には思いきり自慢するつもりでいるときに使われるのがこのひとこと。英語ではI don't mean to brag, but...と表現する。ちょっと嫌な感じ。bragは「自慢する」の意。

> A: *I don't mean to brag, but* I've never been dumped. Of course.
> 自慢じゃないけど、女性に振られたことはいままでに一度もないよ。まあ当然かな……。
> B: **Oh, yeah, sure.**
> はいはい、そうでございますね。

余裕だよ。

That was nothing.

「簡単だった」を、より強調して大げさにした言い方がこれ。まさに「余裕だよ」「目じゃないよ」といったニュアンス。

> A: **I can't believe you ate that huge entire cake by yourself! What kind of stomach do you have?**
> あの大きなケーキを丸ごと一個食べちゃうなんて! どういうお腹してるの?
> B: *That was nothing.* **I'm not even half full.**
> 余裕だよ。まだまだ食べられる。

実力だよ。

For me, it was no problem.

　It was no problem.だけなら「楽勝だった」「なんてことはなかった」という意味だが、これにFor meをつけるところがミソ。これで「まあ実力かな」と、自分の能力をひけらかす感じになる。

A: **I heard you passed the bar! I misjudged you.**
司法試験に合格したんだって?! 見直したよ。
B: *For me, it was no problem.* **I can do anything I set my mind to.**
まあね、実力だよ。ボクがやる気になればこんなもんさ。

豪勢だね。

Big spender.

　big spenderは「気前よくお金を使う人」という意味。これを、例文のように当事者に向かって使うと「豪勢だね」「気前がいいね」とふざけ半分で言う感じのひとことになる。

A: **I'm taking my girlfriend on a dinner cruise. Once in a while...**
今夜は彼女とディナークルーズに行くんだ。たまにはね……。
B: **Oh, *big spender*. The things we do for love.**
おぉ～、豪勢だね。無理しちゃって。

げんめつ～。

Forget him.

forgetを「やめておく」というニュアンスで使った言い回し。「彼はやめておく」、転じて「彼にはげんめつした」となる。

> A: **Mr. Tanaka's feet stink. I got a whiff the other day.**
> 田中さんって足が臭いのよ。この前、気づいちゃったわ。
> B: **Gross. *Forget him.* I don't care how handsome he is, stinky feet are unforgivable.**
> やだ～、げんめつ～。いくらステキでも、足が臭いとちょっとね。

あっけなかったね。

That was a disappointment.

disappointmentは「がっかりすること」の意。この単語を使うと、「あっけなかったね」と残念そうに話す感じがだせる。もしくは、What a let-down!という言い方をしても同ニュアンス。

> A: **Japan's women volleyball team lost to China.**
> 日本女子バレー、中国に負けちゃったね。
> B: ***That was a disappointment.*** **They lost in straight sets. I thought they were going to win.**
> あっけなかったね。ストレート負けとは……。期待してたのに。

惜しかったなあ。

It was so close.

「惜しかったなあ」「もうちょっとだったのに」のニュアンス。または、He almost won.という言い方もできるので、どちらも覚えておこう。

> A: **Did you see the marathon on TV? It was incredible.**
> 昨日のマラソン中継見た？ すごかったね。
> B: *It was so close.* **He got passed up at the very end.**
> 惜しかったなあ。最後の最後で抜かれちゃったからね。

騙されたと思って。

Just one try.

「とにかく一回だけでも試してみて」が直訳。または、Trust me.（信じて）と言っても似たニュアンスになる。

> A: **Natto really tastes good. Have a taste.** *Just one try.*
> 納豆って本当においしいんだから。ちょっと食べてみてよ。騙されたと思って。
> B: **No way! It stinks. I don't know how you can eat that.**
> いやよ〜。臭いんだもん。そんなもの、よく食べられるわね。

お楽しみに。

Wait and see.

Wait and see.は、相手に期待をもたせるひとことで、「お楽しみに」「まあ期待していてよ」といったニュアンス。もったいぶった感じ。

A: **The location of this year's company trip is a secret. *Wait and see.***
今年の社内旅行の場所はまだ秘密よ。お楽しみに。
B: **Where could it be? Give us a hint.**
え〜、どこだろう？ ヒントは？

あのセリフ、ネイティブならこう言います ③

「それを言っちゃあお終えよ」
『男はつらいよ』

That's it. You've gone too far.

　意味的には「そこまで言ってしまったら、もう終わりだ」ということなので、That's it.（もう終わりだ）と、You've gone too far.（それは言いすぎた）のふたつを組み合わせれば、ニュアンスがバッチリである。

「同情するなら、金をくれ〜っ！」
『家なき子』

I need money, not sympathy!

　あの衝撃の名セリフを英語にするとこうなる。または、If you feel sorry for me, give me money!でもOK。

「教官っ！　ワタシ、ドジでノロマなカメです！」
『スチュワーデス物語』

Teacher! I'm a clumsy, slow turtle!

　clumsyは「要領が悪い」「ドジな」の意。まさに直訳でOK。

いつものことじゃない。

What's new?

これで、「いつものことじゃない」「べつにめずらしくもない」と皮肉たっぷりに言う感じになる。

A: **I heard Makiko got in a big fight with her boyfriend.**
まき子ったら彼と大ケンカしちゃったんだって。
B: ***What's new?*** **That's what lovers do.**
いつものことじゃない。ケンカするほど仲がいいのよ。

言わなきゃいいのに。

He shouldn't have said anything.

「彼は何も言うべきではなかった」が直訳。「言わなきゃいいのに……」と、半ば呆れながら言う感じ。

A: **I heard Takashi confessed he's having an affair to his wife.**
タカシが浮気してることを奥さんに白状しちゃったんだって。
B: **Good grief.** ***He shouldn't have said anything.***
あちゃ〜。言わなきゃいいのに。

怒るとシワが増えるよ。

Anger gives you wrinkles.

動詞がgiveになるところがポイント。こんな言われ方をしたら女性はカンカン。使わないほうが身のためかも……。

> A: **If you're going to be late, at least call in! What do you think you have a mobile for?!**
> 遅れてくるなら電話くらい入れて！ 何のために携帯持ってるのよ！
> B: ***Anger gives you wrinkles.***
> あんまり怒るとシワが増えるよ。
> A: **What did you just say?!**
> 何ですって！

おっちょこちょい。

You scatterbrain.

scatterbrainは「おっちょこちょい」「注意力が散漫な」という意味の単語。You scatterbrain.とひとこと言えば「このおっちょこちょい」「そそっかしいんだから」といったニュアンスに。

> A: **What am I going to do? I dropped my mobile phone in the toilet.**
> どうしよう……。携帯をトイレに落としちゃったの。
> B: ***You scatterbrain. So much for all your data.***
> おっちょこちょい。もうデータはパアね。

かたいこと言うなよ。

Don't be a party pooper.

party pooperは「場をしらけさせる人」という意味のスラング。直訳すると「場をしらけさせる人になるな」、転じて「かたいこと言うな」「ノリが悪いぞ」といったニュアンスになる。

A: **Let's go to one more bar. Nothing's stopping us tonight.**
さあ、もう一軒行こう。今夜は飲み明かすぞ。
B: **Man, my wife's waiting for me. I'd better...**
いやぁ、家で妻が待ってますから。そろそろ……。
A: ***Don't be a party pooper.* It's Friday!**
かたいこと言うなよ。花の金曜日じゃないか。

くさいセリフ。

What a lousy line!

lousyは「へたな」「お粗末な」の意。この単語を使ってlousy lineと言えば「くさいセリフ」のニュアンスがだせる。What a...と、感嘆文にしているところがミソ。

A: **You're my sunshine. For you, I would even die.**
君はボクの太陽だ。君のためなら、ボクは死ねる。
B: ***What a lousy line!* I'm embarrassed for you.**
くさいセリフ。こっちが恥ずかしくなるわ。

結構なご身分だね。

I wish I could do that.

直訳は「私もそうできたらいいのに」だが、使うときによっては明らかな嫌味になるひとこと。「いいご身分だね」を英語で言うなら、これがバッチリはまる。

A: **Karaoke in broad daylight?!** *I wish I could do that.*
真昼間からカラオケかい。結構なご身分だね。
B: **It's relaxing. I'm not doing any harm.**
私のストレス解消法なのよ。別にいいでしょ。

言っていいことと悪いことがあるぞ！

Watch your mouth!

「口に気をつけろ」「言っていいことと悪いことがあるぞ」といったニュアンスの表現。けっこうきついひとこと。

A: **You always screw up. You don't deserve to live!**
あなたって、何をやってもダメね。生きてる資格ないわ。
B: **Hey now!** *Watch your mouth!* **Apologize!**
こらっ！　言っていいことと悪いことがあるぞ！謝れ。

ちゃっかりしてるな。

You're so shrewd.

shrewdは「抜け目のない」「狡猾な」という意味の単語。より強調するsoをつけてYou're so shrewd.とすれば「ちゃっかりしてるなあ」のニュアンスになる。

> A: **I had dinner at Joe's. I brought home a doggy bag.**
> ジョーの家でお夕飯ごちそうになってきちゃった。お土産ももらったわ。
> B: **You're so shrewd.**
> ちゃっかりしてるな。

どこが？

You could have fooled me.

直訳すると「もうちょっとで騙されるところだった」だが、これは明らかに嫌味で使う言い回し。「ぜんぜんだめじゃん」「どこが？」と、相手の主張を全否定するときに使うひとこと。

> A: **My diet is starting to work. What do you think? Don't you think I've lost weight?**
> ダイエットの効果がでてきたわ。どう？ 痩せたでしょ？
> B: **You could have fooled me.**
> どこが？

ヌケヌケとよく言うよ。

You have some nerve.

「ヌケヌケと」は「ずうずうしくも」ということなので、You have some nerve.という言い回しがぴったりくる。「なんてずうずうしい」「ヌケヌケとまあ」といったニュアンス。

A: Some girl tried to pick me up at the train station. I can't handle it. I guess I'm just too good looking.
駅でギャルに逆ナンされちゃったよ。もてすぎて困っちゃうな。ハンサムすぎるのかな。
B: *You have some nerve.* How can such an airhead be so popular? Something's wrong.
ヌケヌケとよく言うよ。どうしてこんな軽薄な男がもてるのかねぇ。世の中間違ってるよ。

のんきだね。

You're so easygoing.

easygoingは「のんきな」「気楽な」の意。もっと相手をとがめる否定的なニュアンスを出したいなら、tooを入れてYou're too easygoing.とする。

A: I lost my job. But I'm sure somehow I'll get by.
失業しちゃったよ。でもまあ、なんとかなるだろう。
B: *You're so easygoing.* Like always.
のんきだね。相変わらず。

珍しいこともあるもんだね。

What's the occasion?

　直訳すると「今日は何の日だっけ？」だが、もちろんこれは皮肉。日本語の「珍しいこともあるもんだ」にニュアンス的にはかなり近い。It's a miracle.（奇跡だ）なんて言い方も……。

A: **I'm cooking tonight, so don't be late.**
今夜は私が料理を作るから早く帰ってきてね。
B: **You, cook?** ***What's the occasion?***
へえ、君が？　珍しいこともあるもんだね。
A: **What do you mean?　I can cook if I want to.**
あら、どういう意味？　私だってやればできるのよ。

よく言うよ。

Am I supposed to believe that?

　「それを信じろとでも言うのか」が直訳。こう伝えれば「よく言うよ」と冷たく突き放す言い方になる。もしくは、シンプルにI can't trust you.と言ってもOK。

A: **This time I promise to pay you back right away, so give me a loan.**
今回は絶対にすぐに返すから、お金貸して。
B: ***Am I supposed to believe that?*** **I can't trust you. You're all talk.**
よく言うよ。もう信頼できないね。君はいつでも口ばっかりだ。

よくやるよ。

I don't understand you.

「君って人が理解できない」、転じて「よくやるよ」のニュアンスに。また似た意味の言い回しに、You're a mystery to me. というのもあるので覚えておこう。

> A: **Look, look. I got a Mohawk.**
> 見て見て。モヒカン刈りにしてみたんだ。
> B: ***I don't understand you.** That makes you an even bigger geek.*
> よくやるよ。ますますもてなくなるぞ。

よせばいいのに。

He'd better knock it off.

「やめときゃいいのに」「よせばいいのに」といったニュアンス。呆れ半分で言うひとこと。knock it offは「やめる」の意。

> A: **That Takashi, he's having an affair with his boss's wife.**
> タカシのやつ、部長の奥さんと不倫してるんだってよ。
> B: ***He'd better knock it off.** If he gets caught, he'll get sent to Siberia.*
> よせばいいのに。バレたら飛ばされちゃうぞ。

ああ面倒臭い。

What a pain in the butt.

pain in the buttはスラングで「嫌な仕事」「面倒なこと」という意味。

> A: **How about cleaning up your room once in a while? You're not getting anything to eat until it's clean.**
> たまには部屋の掃除しなさい。終わるまでゴハンは食べさせないわよ。
> B: ***What a pain in the butt.* Okay, okay, I'll do it. Will that make you happy?**
> ああ面倒臭い。はいはい、わかりましたよ。やればいいんでしょ。

あり得ない。

No way.

「そんなバカな」「あり得ない」といったニュアンス。

> A: **I haven't got the message you said you sent.**
> 送ったって言ってたメールがまだ届かないんだけど。
> B: ***No way.* Oh, sorry. It came back.**
> そんなバカな。……あ、ごめん、戻ってきてた。

いい気味だ。

He deserves it.

「いい気味」「ざまあみろ」と、こっそりと誰かをあざ笑うときによく使う言い回し。「自業自得だ」とも訳せる。本人に言うときは、You deserve it.

A: **Ha-ha-ha. He's drinking that tea and he doesn't even know I put dirt in it.**
しめしめ。部長ったら、ホコリ入りとも知らずに、お茶をおいしそうに飲んでるわ。
B: ***He deserves it.***
いい気味ね。

えらいことになっちゃった。

How did it come this far?

直訳すると「なんでここまでひどいことになってしまったんだ」。これで、「えらいことになっちゃった」とオロオロしながら言う感じがバッチリだせる。

A: **What are you going to do? Your girlfriend's husband says he's going to make you pay.**
どうすんだよ。彼女の旦那がお前からも慰謝料とるって言ってるぞ。
B: ***How did it come this far?*** **I just wanted to have a little fun.**
えらいことになっちゃった。火遊びのつもりだったのに。

お先真っ暗だ。

The future looks awfully gloomy.

gloomyは「希望がまったくない」「悲観的な」の意。または、わかりやすくI have no future.と表現することもできる。

A: **I heard you got laid off.**
会社をリストラされたんですって。
B: **Yeah. At my age, *the future looks awfully gloomy*.**
そうなんだよ。もうこの年だし。お先真っ暗だ。

肩身が狭いよ。

I feel out of place.

out of placeは「場違いな」という意味の言い回し。「肩身が狭い」ということは、「場違いな気がして居心地が悪い」ということなので、この表現がぴったりくる。

A: **How do you like your new job? Have you started to fit in?**
新しい職場はどう? 慣れた?
B: **Everyone's so young. *I feel out of place*.**
なんだか若い人ばかりでね。肩身が狭いよ。

かったるい。

What a pain in the ass.

　pain in the assは「とてもいやなこと」、「うんざりさせること」といった意味で、ネイティブがよく使うスラング表現。「かったるい」を英語で言うならこれでバッチリ。

> A: **I can't believe I have to work on Sunday. *What a pain in the ass.***
> 日曜なのに出勤だなんて。あ〜あ、かったるい。
> B: **What's the problem? You get to take another day off. Don't complain.**
> いいじゃないの。代休もらえるんだから。ブツブツ言わないの。

聞くんじゃなかった。

I wish I (had) never asked.

　直訳でOK。嫌な答えを聞いてしまったときに、「嫌なこと聞いちゃったな」「聞くんじゃなかった」とつぶやく感じで使う。

> A: **Did you have a good time at the party?**
> パーティは楽しかった？
> B: **Well, I got so drunk I threw up on everyone.**
> それが、飲みすぎちゃってさ、吐いてみんなにひっかけちゃったよ。
> A: ***I wish I (had) never asked.***
> 聞くんじゃなかった……。

限界だ。

I can't take it anymore.

「もうこれ以上耐えられない」「もう限界だ」といったニュアンス。基本動詞のtakeはこんな使い方もできるので覚えておこう。

A: It's too hot. *I can't take it anymore.* I'm going to take a cold bath.
ああ、暑い。もう限界だ。水風呂浴びよう。
B: I can't believe we still don't have an air conditioner.
今どきクーラーがない家なんて、うちくらいよ。

こんなはずでは。

It wasn't supposed to be like this.

ほぼ直訳で通じる。有名なbe supposed to〜（本来なら〜するはずだ）という言い回しを使えば完璧。

A: Thanks to you, we're deep in the red. What do you have to say for yourself?
君のおかげでわが社は大損だよ。どうしてくれるんだね？
B: *It wasn't supposed to be like this.* Just give me a little time and I'll do something about it.
こんなはずでは……。なんとかしますので、時間をください。

知〜らない。

Don't look at me.

「私を見ないで」が直訳だが、こう伝えれば「知〜らない」「あらら、知らないわよ」と突き放す感じがバッチリでる。

> A: Darn. My boss asked me to mail a letter, but I forgot to put it in the post.
> しまった。ボスに頼まれてた手紙、投函するの忘れてた。
> B: *Don't look at me.* You're going to get in trouble.
> 知〜らない。きっと怒られるぞ。

そこまで言わなくても……。

How could you say that?

ショックを受けて、傷ついている感じがよく伝わる言い回し。「そこまで言わなくても……」「なんてことを言うの?!」のニュアンス。

> A: Yuck! What kind of soup is this? Are you trying to kill me?
> まずい！ なんだこのスープの味は？ 殺す気か?!
> B: *How could you say that?* You're mean!
> そこまで言わなくても……。ひどい！

そりゃないよ。

You're kidding.

You're kidding.は、「冗談だろ」「そりゃないよ」と、不機嫌そうに言うときのひとこと。もしくは、Oh, brother.やGood grief.などと言っても、似たニュアンスがだせる。

> A: Sorry. I haven't made supper yet. Cup-of-noodles will be okay, won't it?
> ごめーん。夕食準備してないのよ。カップラーメンでいいよね。
> B: *You're kidding.*
> そりゃないよ。

それどころじゃないよ。

This is no time to...

This is no time to...は「〜なんてしている場合じゃない」と、つっぱねるように言うときのひとこと。この言い回しを使えば「それどころじゃないよ」のニュアンスがだせる。

> A: **I'm going shopping. Come with me.**
> 買い物に行くの。付き合って。
> B: *This is no time to go shopping!* **My company is on the edge of bankruptcy.**
> それどころじゃないよ。会社が倒産するかどうかの瀬戸際なんだから。

そんな殺生な。

That's cruel.

cruelは「むごい」「無慈悲な」の意。「そんな殺生な」は、この単語を使ってThat's cruel.とすれば完璧。

A: **Everyone, I'm really sorry, but there's not going to be a summer bonus.**
みんな、本当に申し訳ない。この夏のボーナスは我慢してくれ。
B: ***That's cruel.* I was counting on it.**
そんな殺生な。あてにしてたのに。

そんなバカな。

How could that be?

How could that be?は、思いもよらぬ出来事に「そんなバカな……」と、唖然としてポツリとつぶやく感じ。または、短くNo way.と言ってもほぼ同ニュアンス。

A: **Oh, no! We're out of gas. Can't you do anything right?!**
あら、ガス欠よ。も〜、ちゃんとしてよ。
B: ***How could that be?* I just got gas the other day.**
そんなバカな。この前入れたばかりなのに。

そんなのあり?

You can't be serious.

「彼はまじめに言っているはずがない」が直訳。転じて「そんなのあり?」と不平を漏らすときのひとことになる。今風に言うと「マジかよ〜」という感じ。または、No way.でもほぼ同じ。

A: **I need everyone to work this coming Saturday.**
今週の土曜日は全員で休日出勤してくれ。
B: *You can't be serious.* **I already have plans.**
そんなのあり? もう予定も入っちゃってるのに。

どうもこうもない。

You won't believe what happened to me.

「どうもこうもない」は、自分に降りかかった不幸話をするときの前置きのことばとして使うものなので、You won't believe what happened to me.(起こったことを聞いたらびっくりするよ)という言い回しが使える。もしくは、My day really sucked.(最悪の日だよ)でもOK。

A: **You're soaking wet. What's with those clothes?**
どうしたんだよ、その服。びしょぬれじゃないか。
B: *You won't believe what happened to me.* **I tripped and fell in a ditch.**
どうもこうもないよ。つまづいてドブにはまっちゃったんだ。

ドッと疲れちゃった。

It drains the energy out of you.

直訳すると「エネルギーを一気に使い果たされる」、転じて「ドッと疲れた」のニュアンスに。

A: **His stupid jokes drive me crazy.**
社長のオヤジギャグにはまいったわね。
B: **I know.** *It drains the energy out of you.*
そうよね。ドッと疲れちゃったわ。

何かの間違いだ。

It's some kind of mistake.

「何かの間違いだよ」「そんなはずはないよ」と、オロオロと言い訳をする感じ。直訳でOK。

A: **There's lipstick on your shirt. You're cheating on me, aren't you?**
あなたのワイシャツに口紅の跡がついてたわよ。浮気してるでしょ。
B: *It's some kind of mistake.* **You know, like on the crowded train or...**
何かの間違いだよ。ほら、電車のラッシュとかさ……。

なんだか物足りない。

It seems like something's missing.

「何かが足りないような気がする」が直訳。It seems like...という言い回しを使うと、「なんだか〜」と少しあいまいに話す感じが出せる。

A: **All we're eating is vegetables tonight?** *It seems like something's missing.*
今夜の食事は野菜ばっかりだね。なんだか物足りないな。
B: **Payday's tomorrow. What do you expect?**
給料日の前日なのよ。仕方ないでしょ。

まいった、まいった。

Gee, that was terrible.

Gee, that was terrible.は「いや〜まいった、まいった」「まったく、ひどい目にあった」という感じ。Geeは「ジー」と発音。

A: *Gee, that was terrible.* **I got caught in the rain and now I'm soaking wet.**
いや〜、まいった、まいった。雨が急に降り出して、びしょぬれだよ。
B: **That's too bad. Here's a towel.**
大変だったね。はい、タオル。

まずいなぁ。

That's not going to work.

「それだとうまくいかない」、転じて「まずいなぁ」「それではダメなんだ」といったニュアンスに。

> A: **I got a call from the supplier, and they're going to be a week late.**
> 業者から電話で、納品が1週間遅れると言ってきています。
> B: *That's not going to work.* **Try to talk them into hurrying.**
> まずいなぁ。何とか早めてもらうように頼んでみてくれ。

むしゃくしゃする。

This is really annoying.

annoyingは「むしゃくしゃする」「うっとうしい」という意味の単語。reallyがイライラ度を強調。

> A: *This is really annoying.*
> あ〜、むしゃくしゃする。
> B: **What happened? You seem to be in a pretty bad mood.**
> どうしたの？ ずいぶん機嫌が悪そうね。

もう年かな。

Maybe I'm getting old.

文頭のMaybeが肝心。これで「やっぱり、もう年なのかな……」と、しみじみ言う感じになる。

A: **I always seem to be tired.** *Maybe I'm getting old.*
最近なんだか疲れがとれなくて。もう年かな。
B: **What are you saying? You have a lot of years ahead of you.**
何言ってんのよ。まだこれからじゃない。

もったいない。

What a waste.

無駄使いを指摘するときによく使うひとこと。資源やお金だけでなく、才能など目に見えないものについてもこの言い回しが使える。

A: **You left the lights on again. This one too. And this one.** *What a waste.*
電気がつけっぱなしじゃないの。ここも、ここも。あ〜、もったいない。
B: **Stop bitching about every little thing.**
いちいちうるさいな〜。

やってられないよ。

This is too much.

これはThis is too much to endure.（endureは「〜を我慢する」の意）を短くした形。

A: **Oh, brother. *This is too much*. I ought to quit.**
まったく。やってられないよ。こんな会社辞めちゃおうかな。
B: **There you go again. Life is not a dream.**
またそんなこと言って。甘ったれるんじゃないわよ。

やばい。

Ah-oh.

「やばい……」「あらら〜」という感じ。「オッ、オー」と発音。

A: ***Ah-oh***. **I gained five kilos. I'm even getting a stomach.**
やばい……。体重が5キロも増えてる。下っ腹も出てきたわ。
B: **That's sad. You're going to get dumped.**
悲惨ね。彼氏に捨てられちゃうわよ。

わびしいね。

It's kind of depressing.

「わびしいね……」としみじみつぶやくなら、このIt's kind of depressing.という言い回しがぴったりくる。depressは「意気消沈させる」「憂鬱にする」という意味の単語。

A: **Just one rice ball for lunch.** *It's kind of depressing.*
お昼はおむすび一個か……。なんだか、わびしいね。
B: **It can't be helped. It's right before payday.**
しょうがないよ。給料日前なんだから。

あのセリフ、ネイティブならこう言います ④

「てめえら人間じゃねえ。たたっ切ってやる！」
『破れ傘刀舟』

You're not even human. I'm going to cut you into pieces!

evenを使ってnot even humanとしているところがミソ。これで「人間以下のクズ」というような相手を見下した口ぶりになる。

「桃から生まれた桃太郎」
『桃太郎侍』

I'm Momotaro, born from a peach.

ご存知『桃太郎侍』の決めゼリフ。こちらは直訳。

「この桜吹雪に見覚えがねえとは言わせねえぜ」
『遠山の金さん』

Don't tell me you haven't seen the cherry blossoms fall.

「桜吹雪」はcherry blossoms fallと表現。着物をはだけて刺青を見せながらのセリフなので、あえてtattooなどと言う必要なし。

「これにて一件落着！」
『遠山の金さん』

Case closed!

今の言葉で言うと「これにて閉廷」。

ついつぶやいてしまうひとこと

一応。

I guess.

I guess.は、ちょっとあいまいなYES。「一応は」「ええ、まあ」といったニュアンス。

A: **You can use Excel, can't you?**
あなた、エクセルって使えたわよね。
B: **Yeah, *I guess*. I know the basics.**
ええ、一応。一通りはできますけど。

いろいろとね。

Nothing special.

Nothing special.は「いろいろと」「別に〜」といったニュアンスの言い回し。何らかの理由であまり答えたくないときのごまかし方。

A: **What have you been doing all this time?**
こんな時間まで、どこをほっつき歩いてたんだ？
B: ***Nothing special.* Why do you care?**
いろいろとね。別にいいでしょ。

気が向いたらね。

If I feel like it.

「気が向いたらね」を英語にするなら、If I feel like it.がぴったり。こう言われたら、そのつもりがほとんどないのだとわかる。

> A: **Something stinks. I want you to clean your room today!**
> なんだか臭いわ。今日は部屋の掃除をしなさいよ！
> B: ***If I feel like it.***
> 気が向いたらね。

そんなことないけど。

No, not really.

やんわりと否定するときのことばなので、このNo, not really.がぴったりくる。

> A: **You seem on edge lately. Is everything okay with you and your boyfriend?**
> 最近なんだかカリカリしてるね。彼氏とうまくいってないの？
> B: ***No, not really.* It's the same as always.**
> そんなことないけど。別にいつもどおりだよ。

それなりに。

Well, something like that.

どちらかというと「まあ、そんな感じかな」というニュアンスに近いが、「まあ、それなりにね」もこの言い回しでじゅうぶん通じる。

A: **You've been doing great recently. You're probably making so much money you don't know what to do with it.**
最近大活躍だね。もうかってしょうがないでしょ。
B: ***Well, something like that.***
まあ、それなりに。

それはそうなんだけど。

That's true, but...

言い訳するときの前置きによく使うこのひとこと。「それはそうなんだけど」を英語で言うなら、シンプルにこれでOK。

A: **All that instant food isn't good for you. You need to try to eat a balanced diet.**
インスタント食品ばかりじゃ体によくないわよ。もっと栄養のバランスを考えなきゃ。
B: ***That's true, but...*** **I don't have time to cook.**
それはそうなんだけど。作ってる時間がなくて。

それはちょっと……。

Well, I don't know...

こう伝えれば、「それはちょっと……」と、たじろぎながら言う感じがバッチリだせる。

> A: **I forgot to bring a change of underwear. Lend me some underpants.**
> 下着の着替えをもってくるのを忘れちゃった。パンツ貸して。
> B: ***Well, I don't know...*** **Can't you just buy some?**
> それはちょっと……。買えばいいじゃん。

それはどうかな。

I wouldn't be so sure.

何かを確信したように話す相手に、「それはどうかな」と疑問を投げかけるときのひとこと。sureは「確信する」の意。

> A: **The Tigers are going to win tonight.**
> 今夜はタイガースが勝ちそうだね。
> B: **Well, *I wouldn't be so sure.* It ain't over until the fat lady sings.**
> さあ、それはどうかな。勝負は終わってみなくちゃわからないよ。

何ていうか。

Well, you know.

答えにつまって口ごもる感じで使うのが、このWell, you know.という言い回し。「何ていうか」「う〜ん、そうだなあ」といったニュアンス。

A: **I heard you broke up with your girlfriend. What happened?**
彼女と別れたんだって？ どうして？
B: ***Well, you know.* It's just that we didn't get along.**
何ていうか。その〜、気が合わないんだよね。

何というか……。

I'm not sure how to say this, but...

ちゃんと伝えなきゃいけないのに、本人を目の前にしてちょっと言いづらい……。そんな状況で思わず口ごもるときに使うのが、このI'm not sure how to say this, but...という言い回し。まさに「何というか……」という感じ。

A: ***I'm not sure how to say this, but...***
何というか……。
B: **What is it?**
どうしたの？
A: **This soup tastes a little funny.**
このスープ、なんだかおかしな味がするんだけど。

なんとなく。

No special reason.

理由を尋ねられても、特にこれといって理由がないときの言い方。「なんとなく」とあいまいに答える感じ。

A: **Why do you think that?**
どうしてそう思うの？
B: **Well, *no special reason.***
いや、ただなんとなく。

別に。

Nothing.

質問にすぐに答えないでじらすときによく使うのが、このNothing.というひとこと。「ちょっとね」「別に何でもない」といったニュアンス。

A: **What's up? What are you smiling about?**
どうしたの？　うれしそうな顔して。
B: ***Nothing.***
別に。
A: **Come on! Don't keep it a secret.**
何よ〜。隠さないで教えてよ。

まあそんなところです。

That's about right.

「さては〜だね」などとズバリ言い当てられたときの返し方でよく使うのが、このThat's about right.という言い回し。「まあそんなところかな」「だいたいそんな感じです」といったニュアンス。

> A: **You look sleepy. You stayed up late watching soccer, huh?**
> 眠そうだね。さては、サッカーの試合を遅くまで観ていたね。
> B: ***That's about right.* Once I started watching, I couldn't turn it off.**
> まあそんなところです。観始めたら、やめられなくて。

あのセリフ、ネイティブならこう言います ⑤

「だって涙が出ちゃう、女の子だもん……」
『アタックNo.1』

I can't help crying. I'm just a girl.

justをつけてjust a girlとしているところがミソ。これで「私だって」というニュアンスがだせる。

「はやく人間になりたい〜」
『妖怪人間ベム』

Oh, how I want to be human.

howがポイント。文頭にhowをつけることで、切望している感じがでる。

「お前はもう死んでいる」
『北斗の拳』

You're already dead.

直訳でOK。英語版『北斗の拳』でもこう訳されていた。まあ、ほかに訳しようがないのだが……。

「この恨み、晴らさでおくべきかぁ〜」
『四谷怪談』

I'll make you pay no matter how.

make someone payは「〜に代償を支払わせる」の意。no matter howは「なにがなんでも」。このように言えば、恐ろしいほどの執念深さがよくでる。

あきらめが悪いな。

Don't you know when to give up?

何度負けてもゲームをやめようとしない相手にイラつきながらひとこと。そんなときにぴったりの言い回しがこれ。直訳すると「おまえはやめ時というものを知らないのか」、転じて「あきらめが悪いな」のニュアンスになる。

> A: **Can I try the UFO Catcher just one more time?**
> もう一回だけUFOキャッチャーやっていい？
> B: **You're never going to do it. *Don't you know when to give up?***
> どうせ無理だよ。あきらめが悪いな。

呆れてものも言えない。

I don't know what to say.

「何と言えばいいのかわからない」が直訳。もしくは、I'm speechless.と言っても同じニュアンスになる。

> A: **I can't believe you lost 100,000 yen on the horses. *I don't know what to say.***
> 競馬で10万円も負けるなんて。呆れてものも言えないわ。
> B: **I'm through gambling.**
> もうギャンブルはこりごりだ。

いい加減だなあ。

That's shoddy work.

shoddyは「いい加減な」の意。または、You're just being sloppy.と言っても同じニュアンスがだせる。

> A: Cooking is about creativity. Don't worry about following the recipe. Just throw in some spice.
> 料理は創造力なの。レシピになんてこだわってちゃだめ。調味料も目分量でいいのよ。
> B: *That's shoddy work.* Let's try to do it right.
> いい加減だなあ。もっとちゃんと作ろうよ。

いい気なもんだね。

He really has nerve.

このnerveは「ずぶとさ」「ずうずうしさ」という意味。脳天気な相手に、呆れて「いい気なもんだね」と言う感じ。

> A: Can you believe Tanaka? He left for Hawaii leaving us with all this work.
> 田中さんったら、この忙しいのに、休みとってハワイ旅行ですってよ。
> B: I know, *he really has nerve.* Why do we have to clean up after him?
> まったく、いい気なもんだね。尻拭いする僕らの身にもなってほしいよ。

いい年して！

Grow up!

そのまま訳すと「もっと大人になれ」という意味になる。「いい年して！」や「子どもじゃないんだから！」もこれでOK。

A: **I don't want to go to the dentist's. Maybe I'll cancel my appointment.**
歯医者って嫌だな。行くのやめようかな。
B: ***Grow up!*** **Be a man. Just get up your nerve and go.**
いい年して！ 男でしょ。覚悟を決めて行ってきなさい。

大げさだな。

You're making too much of it.

小さなことで大騒ぎする相手にウンザリ……。You're making too much of it.は、まさにそんな相手に向かって使うひとこと。「大げさだな」「そんなに騒ぐほどのことじゃない」といったニュアンス。

A: **I can't believe you! Going for cake without me... You no longer love me, do you?**
ひどーい。一人でケーキを食べに行くなんて。もう愛していないのね。
B: ***You're making too much of it.*** **It's just cake.**
大げさだな。ケーキくらいのことで。

いつもそうなんだから。

This always happens.

「またぁ〜?」「いつもそうなんだから」といったニュアンスのひとこと。言い方によっては、とてもとげとげしいひとことにもなる。

> A: Sorry, I have to work overtime, so I can't meet you tonight.
> ごめん。残業になっちゃったから、今夜は会えないよ。
> B: Oh... *This always happens.* Which is more important—your job or me?
> もう〜。いつもそうなんだから。仕事と私とどっちが大切なのよ。

意地張っちゃって。

Don't be so stubborn.

stubbornは「ガンコな」「意地を張る」の意。

> A: I'm not going to the party. I don't care what you say, I refuse to go.
> ボクはパーティには行かないよ。何と言われようとも、絶対に行かない。
> B: *Don't be so stubborn.* You're so childish.
> 意地張っちゃって。大人気ないよ。

くだらない。

That's so stupid.

簡単にThat's so stupid.でOK。「くだらないなぁ」と、相手をバカにする感じがよくでる。

A: **Hey, hey, we're going to have a dare-devil contest. Want to come?**
ねえねえ、今度肝試し大会やるんだけど、来ない？
B: ***That's so stupid.* I have better things to do.**
くだらないなぁ。付き合っていられないよ。

口ばっかりね。

You're all talk.

all talkは「口先だけの人」の意。または、That's easy to say.（言うだけなら簡単だ）と言っても似たニュアンスになる。I'll believe it when I see it.も近い。

A: **I'm going to get rich and then I'll give you the life you deserve.**
俺はぜったいに金持ちになるんだ。そしたら楽させてやるよ。
B: ***You're all talk.* You're still a child.**
口ばっかりね。子どもなんだから。

ケチケチしないで。

Don't be so stingy.

stingyは「せこい」「けちな」の意。Don't be so stingy.で、「せこいなあ」「ケチケチしないでよ」といったニュアンスになる。

A: **Let's go out to eat.**
ねえ、レストランで美味しいもの食べましょうよ。
B: **Are you joking? We can't be extravagant.**
だめだめ。贅沢は敵だよ。
A: ***Don't be so stingy. Ever once in a while, it won't hurt.***
ケチケチしないで。たまにはいいじゃない。

こりない人ですね。

You never learn.

直訳すると「あなたはなにも学ばない」、転じて「こりない人ですね」のニュアンスに。Don't you ever learn?としてもほぼ同じニュアンスになる。

A: **I got another parking ticket.**
また駐車違反で切符切られちゃったよ。
B: ***You never learn.*** **How many tickets do you need to get before you learn your lesson?**
こりない人ね。何度同じことをすれば気がすむのよ。

しっかりしてくれよ。

Get serious.

頼りない相手を前にして、うんざり顔で放つひとこと。Get serious.は「冗談はやめてくれよ」という意味でよく使う言い回しだが、ダイアログのような状況では、「しっかりしてくれよ」のニュアンスで使える。

> A: **Mm, I'm sure this is the street. That's strange. Maybe we're lost.**
> あれぇ、この道のはずなんだけどな。おかしいなあ。迷ったかな。
> B: **Hey, hey. *Get serious*. Don't tell me you don't have any sense of direction.**
> おいおい。しっかりしてくれよ。もしかして、方向音痴？

だから言ったのに。

You wouldn't listen.

「人の言うことをまったく聞かないからだ」、転じて「だから言ったのに……」のニュアンスに。

> A: **My cold got worse. This sucks.**
> 風邪をこじらせちゃったよ。　最悪〜。
> B: ***You wouldn't listen.* You should have seen a doctor when I told you.**
> だから言ったのに。早く医者に行かないからよ。

しらじらしい。

I can see through that.

see throughは「正体を見抜く」「本質を見破る」の意。相手の見え透いた発言のあとにI can see through that.と言えば、「しらじらしい」のニュアンスになる。

> A: **I'm sorry. I'll never make you sad again. I love you.**
> ごめんね。もう二度と君を悲しませるようなことはしないから……。愛してるよ。
> B: ***I can see through that.* How many times have I heard it?**
> しらじらしい。そのセリフは聞き飽きたわ。

使えない奴だな。

He's worthless.

worthlessは「役に立たない」「役立たずの」の意。「使えない」は「役に立たない」という意味なので、He's worthless.（She's worthless.）で完璧。

> A: **Tanaka bought the wrong size of paper.**
> 田中さんが、用紙のサイズを間違えて買ってきてしまったんです。
> B: **Damn. *He's worthless.***
> まったく。使えない奴だな。

どういう風の吹き回し？

What's on your mind?

「何をたくらんでいるの？」が直訳。転じて「どういう風の吹き回し？」と、けげんそうに言う感じ。または、That's not like you.やI know you must have something up your sleeve.（腹に一物あるのはわかっている）などといってもほぼ同じ。

> A: **Why don't we go shopping? I'll get you anything you want.**
> 今度買い物にでも行こうか。何でも買ってあげるよ。
> B: ***What's on your mind?*** **I can't believe you would just say that.**
> どういう風の吹き回し？ いきなりそんなこと言い出すなんて。

バカにもほどがある。

How stupid can you get?

「おまえはどこまでバカになるのだ」が直訳。「バカにもほどがある」を英語で言うなら、これがぴったりくる。

> A: **I got tricked into signing a contract by a door-to-door salesman. I was so dumb.**
> 訪問販売に騙されて契約させられちゃったんだ。バカだった。
> B: ***How stupid can you get?*** **You're too gullible.**
> バカにもほどがあるよ。そんな見え透いた手口にひっかかるなんて。

バカバカしい。

You idiot.

idiotは「バカ」の意。You idiot.で「バカバカしい」「あんたってバカね」と冷たく返す感じのひとことに。またはGet serious.と言っても似たような意味合いになる。

> A: **Maybe I'll find the daughter of a rich company president and marry her. That would change things.**
> 大会社の社長令嬢でも見つけて結婚しようかな。逆玉だよ。
> B: ***You idiot.* Why would she marry you?**
> バカバカしい。あんたなんて相手にされないわよ。

やる気あるの？

Are you even trying?

やる気なさそうにダラダラ仕事している人に、ガツンと言ってやりたい……。そんなときにぴったりの言い回しがこれ。「努力だけでもしようとしている？」が直訳。このevenが重要なのでお忘れなく。

> A: **I'm tired. Let's take a break and have some tea.**
> ああ疲れた。ちょっとひと休みしてお茶でも飲もうぜ。
> B: **John! *Are you even trying?***
> ちょっとジョン！ あんたやる気あるの？

ああ言えばこう言う。

You have a comeback for everything.

comebackは「口ごたえ」「反論」という意味の単語。直訳すると「あなたは何を言っても反論する」、転じて「ああ言えばこう言う」のニュアンスになる。

> A: **Clean up this room. You're so sloppy.**
> ちっとは部屋の掃除をしろよ。だらしないなぁ。
> B: **Why don't you take care of the kids once in a while. You're so selfish.**
> あなたこそたまには子どもの面倒を見てよ。自分勝手ね。
> A: **Geez.** ***You have a comeback for everything.***
> まったく。ああ言えばこう言う。

諦めが肝心だ。

You have to know when to give up.

「やめ時を知らなければならない」が直訳。転じて「諦めが肝心だ」のニュアンスに。

> A: **Oh, can't we do something. We can't step down now.**
> ああ、何とかならないのかな。このままじゃ引き下がれないよ。
> B: ***You have to know when to give up.***
> 人間、諦めが肝心だよ。

痛い。(出費がかさんで)

That hurts.

　そのまま直訳でバッチリ通じる。hurtは「痛い」の意。肉体的な痛みはもちろん、出費などによる「経済的な痛み」もこの単語が使える。

> A: **It costs 20,000 yen to fix the air conditioner?** *That hurts.*
> エアコンの修理に2万円か。痛いね。
> B: **That's right. It's just disgusting. We're in a pinch this month.**
> そうなのよ。まったく嫌になっちゃう。今月は大ピンチだわ。

いつか痛い目に遭うよ。

Someday he'll get what's coming.

「自分に来るべきものがくる」という意味でwhat's comingという言い方をする。または、Someday, he'll get what he deserves.でも同ニュアンス。

> A: **Man, look at that car. He's going right through a light. What a nut!**
> ほら、あの車。堂々と信号無視してるよ。なんてやつだ。
> B: *Someday he'll get what's coming.*
> いつか痛い目に遭うよ。

今さらあとには引けない。

It's too late now.

　ケンカがこじれてしまって、もうひっこみがつかない……。It's too late now.は、まさにそんな状況で使う意地のひとこと。「今さらあとには引けない」「もうひっこみがつかない」といったニュアンス。

> A: **How long are you going to let this go on?　Just apologize to her.**
> いつまで彼女とケンカしてるのさ。もう謝っちゃえよ。
> B: ***It's too late now.　She has to apologize first.***
> 今さらあとには引けないよ。謝るのは向こうのほうだ。

嫌な世の中だね。

What's this world coming to?

　come toは「結局〜になる」という意味の言い回し。これを使ってWhat's this world coming to?（この世の中はどうなってしまうのか？）とすれば、「嫌な世の中になっちゃったね」のニュアンスがでる。

> A: **Another child-abuse case.　That's unforgivable.**
> また幼児虐待の事件だよ。許せないね。
> B: **I know.　*What's this world coming to?***
> まったくだよ。嫌な世の中だね。

噂をすれば……。

Speak of the devil.

ちょうど悪い噂をしていた人がその場に現れたときに言うことば。「噂をすれば……」「噂をすればなんとやら」といったニュアンス。直訳すると、「悪魔の話をすると、悪魔がやってくる」ということ。

> A: **I heard Yoshiko and Bill are having an affair.**
> ねえねえ、よし子さんってビルと不倫してるんですって。
> B: ***Speak of the devil.*** **Look, here comes Yoshiko. What a bitch! And she looks so innocent.**
> 噂をすれば……ほら、よし子さんよ。いや～ね、あんなおとなしそうな顔して。

縁起が悪い。

How weird.

「気味の悪い怖さ」を表す単語weirdを使うとぴったりくる。

> A: **I had a terrible day yesterday. I got hit from behind in my car, the neighbor's dog bit me...**
> 昨日は最悪だったよ。車に後ろから追突されるし、近所の犬には噛まれるし……
> B: ***How weird!*** **You need to have an exorcism performed.**
> やだ～、縁起が悪い。お祓いしてもらいなさいよ。

縁起でもないこと言わないで。

Don't even say that.

「そんなこと言うのもやめてよ」が直訳。もしくは、God forbid! と言っても似たニュアンスになる。こちらは「そんなこととんでもない！」という意味。

> A: **I haven't been feeling very well lately. I hope it's not fatal.**
> なんだか体調が悪いな。命にかかわる病気だったらどうしよう。
> B: ***Don't even say that.***
> 縁起でもないこと言わないでよ。

遠慮を知らない。

They have no sense of modesty.

modestyは「慎み深さ」「謙遜」の意。have no sense of～は「～の気持ちを欠いている」という意味の言い回しなので、こう伝えれば「遠慮を知らない」のニュアンスがだせる。

> A: **Young people these days, *they have no sense of modesty*.**
> 最近の若いものは遠慮ってものを知らないね。
> B: **That's right. I guess they just don't care what others think.**
> まったくですね。ずうずうしいというか何というか…。

風上にも置けない。

a disgrace to the profession

disgraceは「恥」、「不名誉」、「面汚し」の意。「風上にも置けない」を英語で言うなら、これがぴったりくる。

A: **Hiding a mistake like that—what a quack!**
医療事故を隠ぺいしようとするなんて、とんでもない医者だね。
B: **I know. He's *a disgrace to the profession*.**
ほんと、医者の風上にも置けないわ。

きりがない。

There's no end to it.

切っても切っても苦情の電話が鳴り止まない、やってもやっても仕事が終わらない。そんなとき、うんざりしながら放つ言葉がこれ。「それには終わりがない」が直訳。

A: **The phone hasn't stopped ringing with complaints.**
苦情で会社の電話が鳴りっぱなしです。
B: ***There's no end to it.* Let's pretend we're not here.**
もうきりがないな。居留守使っちゃおう。

雲行きが怪しくなってきた。

I'm starting to have my doubts.

have one's doubtは「疑いをもつ」という意味の言い回し。これを使えば「なんだか雲行きが怪しい」と、ものごとのなりゆきを危ぶむニュアンスがだせる。

A: *I'm starting to have my doubts.* **We need to do something right away.**
なんだか雲行きが怪しくなってきたぞ。早いうちに手をうとう。
B: **Yeah, that's right.**
そうしよう。

こうなったら意地だ。

I'm not backing down now.

「もう引き下がるつもりはない」「今更屈することはできない」が直訳。「こうなったら意地だ」を英語で言うならこれがぴったりくる。

A: **Come on, let's give up and find another way.**
ねえ、もう諦めて、別の方法を考えようよ。
B: **No,** *I'm not backing down now.* **I'm going to do it.**
いや、こうなったら意地だ。やるしかない。

先が思いやられる。

That's not a good start.

「それはよいスタートではない」が直訳。ため息まじりにこう言えば、「先が思いやられるな」のニュアンスになる。

> A: I just got a call from Tanaka, and he said he's going to be late.
> 田中さんから電話で遅れて来るそうです。
> B: He's late to the first meeting. *That's not a good start.*
> 最初の打ち合わせから遅刻かよ。先が思いやられるな。

その手は食わないよ。

Nice try.

迷惑なたかり屋はこのひとことで撃退！ たったの2単語なのに、「だまそうったってそうはいかないよ」「その手は食わないよ」という意味が込められている。

> A: Oops, I forgot my wallet. Could you lend me a little?
> あっ、お財布忘れちゃった。ちょっとお金貸してくれる？
> B: *Nice try.* How much do you think I've already lent you?
> その手は食わないよ。今いくら貸してると思ってるんだ？

そんな虫のいい話はない。

Fat chance.

ネイティブがよく使うスラング表現で「それはありえない」という意味。「そんな虫のいい話はない」を英語で言うなら、ニュアンス的にこれがぴったりくる。なんと、Slim chance.と言っても同じ意味。

> A: **I wish I could find a million yen lying on the ground.**
> どっかに100万円落ちてないかな。
> B: ***Fat chance.***
> そんな虫のいい話ないわよ。

ダメなものはダメ。

No means no.

「ダメと言ったらダメ」「ダメなものはダメ」と、キッパリとはねつける感じ。もしくは、Impossible means impossible.と言っても同ニュアンス。impossibleは「不可能」の意。

> A: **Can't you lower this estimate a little?**
> この見積もりですが、もうちょっとなんとかなりませんか。
> B: ***No means no.***
> ダメなものはダメですよ。

手も足もでない。

I'm totally lost.

算数の問題を解こうとしたけど、何が何やらチンプンカンプン……。そんなときにぴったりのひとことが、このI'm totally lost.という言い回し。直訳すると「完全にわからなくなった」、転じて「手も足もでない」となる。

> A: **This math problem is tough. *I'm totally lost.***
> この算数の問題難しいね。手も足もでないよ。
> B: **You couldn't do it? That's for kids.**
> そんなのもできないの? 子どもでもできるわよ。

どっちもどっちだ。

You're no better.

または、What's the difference?(違いはあるのか?)、One's as bad as the other.(どちらも同じくらい悪い)でもOK。

> A: **Mika never returns the clothes I lend her. Can you believe her?**
> ミカったらいつだって貸した服を返してくれないのよ。ひどいでしょ?
> B: ***You're no better.* You haven't returned Mika's watch.**
> どっちもどっちだね。君だって、ミカの時計を借りっぱなしじゃないか。

度を越してる。

That's going too far.

相手の行きすぎた言動をたしなめるときにネイティブがよく使う言い回しがこれ。go too farは「度を越す」「極端に走る」の意。

A: **I'm on a diet. I only eat vegetables.**
今ダイエット中なの。毎日野菜しか食べてないわ。
B: **Come now.** *That's going too far.*
おいおい。度を越してるぞ。

荷が重いなあ。

It's a heavy burden.

ほぼ直訳でOK。burdenは「重荷」の意。もしくは、I hope I can handle it.と言っても似たニュアンスになる。こちらも「荷が重いな」「手に負えるかな」といったニュアンス。

A: **I heard you got promoted. So how does it feel to have all those people working for you?**
昇進したんだってね。どうだい、大勢の部下を抱える身になった感想は？
B: *It's a heavy burden.*
荷が重いなあ。

別にどうでもいいよ。

I couldn't care less.

醒めた感じで「別にいいよ」「どうでもいいよ」と冷たく言うときのひとこと。

> A: **Takeshi says he can't come to the party. What are we going to do?**
> タケシがパーティに来れないって言ってるんだけど。どうする？
> B: *I couldn't care less.* **Well, actually, I'm glad.**
> 別にどうでもいいよ。っていうか、逆によかったかも。

本末転倒だ。

You're putting the cart before the horse.

直訳すると「馬の前に荷車を付ける」。つまり「順序が逆だ」ということ。まさに本末転倒。

> A: **I'm going to make a lot of money and then go to college.**
> いっぱいお金を稼いだら、大学へ行くぞ。
> B: **I think** *you're putting the cart before the horse.*
> それって本末転倒だよ。

耳にタコができた。

I'm tired of hearing that.

何度も同じ話を聞かされて、もうウンザリ……。そんなとき、日本語では「耳にタコができた」という表現をよく使うが、この意味は「もうそれは聞き飽きた」ということなので、I'm tired of hearing that.でバッチリ。

> A: **I once caught this huge fish. It was about this long...**
> 前に大きい魚を釣り上げたことがあってね。そのでかさといったら……。
> B: **Again?** ***I'm tired of hearing that.***
> またその話? 耳にタコができたわ。

もう見ていられない。

I hate to see her that way.

「彼女があんなふうになっているのを見るのは辛い」が直訳。これで「もう見ていられないよ」と辛そうに話す感じになる。

> A: **She's feeling down because Takashi dumped her.** ***I hate to see her that way.***
> 彼女がにタカシに振られて落ち込んじゃってさ。もう見ていられないよ。
> B: **It's going to take some time. Takashi did a terrible thing.**
> あれは長引くよ。タカシも罪なことするよね。

面目ない。

I'm so ashamed.

ashamedは「恥じて」「決まりが悪い」という意味の単語で、「とても恥じている」が直訳。肩を落として「面目ない……」とボソッとつぶやく感じ。How could I have been so stupid?（なんてバカだったんだ）と言ってもほぼ同じニュアンスになる。

> A: **You were tricked by that it's-me-it's-me scam? It was in all the news.**
> オレオレ詐欺に引っかかったんだって？ あれだけニュースになってるのに。
> B: ***I'm so ashamed. I just panicked.***
> 面目ない。パニックになってしまってね。

油断は禁物だ。

It's still too early to take it easy.

おなじみのtake it easyという表現を応用した形。It's still too early to...は「〜するにはまだ早い」の意。

> A: **If we get this far, we have it made.**
> ここまでこぎ着ければ、ひとまず安心ですね。
> B: ***It's still too early to take it easy.* Let's not ease up until the very end.**
> 油断は禁物よ。最後まで気を引き締めていきましょう。

私が不甲斐ないばっかりに。

I'm sorry you can't count on me.

「不甲斐ない」は「頼りにならない」ということなので、count on（～をあてにする）という単語を使えばOK。もしくは、I'm sorry I'm not more reliable.と言うこともできる。どちらもニュアンスばっちり。

> A: Do you think you could wait for this month's pay? *I'm sorry you can't count on me.*
> 今月は給料を待ってもらえないか。すまないねぇ、私が不甲斐ないばっかりに。
> B: Well, somehow I'll get by. Don't worry about it.
> いえ、なんとかなりますから。気にしないでください。

私としたことが。

I don't know why I did it.

または、I'm sorry for doing such a stupid thing.（あんなにバカなことをしてしまってすみません）という言い方もできる。

> A: I can't believe you would make such a mistake. Aren't you letting down a little?
> 君がこんなミスをするなんて。最近たるんでるんじゃないか。
> B: *I don't know why I did it.* I'll be careful in the future.
> 私としたことが。以後気をつけます。

あのセリフ、ネイティブならこう言います ⑥

「およびでない？ こりゃまた失礼いたしました」
(植木等)

Am I not welcome? Okay, I'm out of here.

これはなかなか手強い。脳天気なお調子者らしさを出した英訳にするには、少々発想の転換が必要。ネイティブ流に訳すとこんな感じか。

「だめだこりゃ！」
『8時だよ全員集合』

It's never going to work.

「もう手に負えない！」という感じのひとこと。

「ちょっとだけよ〜ん。あんたも好きねぇ」
『8時だよ全員集合』

Just a peek. You nasty guy.

peekは「ちらっと見ること」の意。nastyは「みだらな」「エロい」の意なので、カトちゃんの「あんたも好きねぇ」にはこの単語がぴったりくる。ちなみに、nasty bookで「エロ本」。

「リンダこまっちゃう〜」
(山本リンダ)

What's a girl to do?

英語にするならこれがぴったり。ブリブリのぶりっ子で「いや〜ん、どうしましょう？」「もう、こまっちゃう〜」という感じ。

あなたに何がわかるんですか。

What do you know?

ほぼ直訳でOK。嫌味っぽく「あなたに何がわかるのよ」と吐き捨てるように言う感じ。

> A: **You got in a fight with your boyfriend? Maybe you're getting bored with each other.**
> 彼氏とケンカしたんだって? 倦怠期なんじゃないの。
> B: ***What do you know?*** **It's not that simple.**
> あなたに何がわかるんですか。いろいろあるんです。

謝ればいいってものじゃない。

That won't get you off the hook.

hookは野犬を捕らえるときに使うような仕掛けのついた道具のこと。直訳すると「そんなことでは（罪からは）逃れられない」、転じて「謝れば済む問題ではない」のニュアンスになる。もしくは、直訳でSorry is not enough.と言うこともできる。

> A: **Sorry, I scratched your car.**
> ごめん! 君の車にキズつけちゃった。
> B: ***That won't get you off the hook.*** **I want compensation!**
> 謝ればいいってものじゃないだろ。どうしてくれるんだよ?!

いいかげんにしてください!

Stop it!

断っても、断っても、めげずにしつこく言い寄ってくる迷惑男……。そんな軽薄男はStop it!と怒鳴りつけてやるべし。

A: **Hey, how about something to drink? I'm buying.**
ねえねえ、お茶でも一緒にどう?　おごるからさ。
B: ***Stop it!*** **I'll scream for help!**
いいかげんにしてください!　人を呼びますよ!

言いたいことはそれだけか?!

That's all you have to say?

相手の勝手な言い分に堪忍袋の緒が切れた。そんなとき、逆襲するきっかけの言葉としてよく使うのが、このThat's all you have to say?という言い回し。「言いたいことはそれだけか?!」というニュアンス。

A: **I'm tired of you always being so sloppy. We're finished.**
あなたのだらしない性格にはもううんざり!　別れましょ。
B: ***That's all you have to say?*** **Well, I have something to say to you.**
言いたいことはそれだけか?!　こっちにも言い分がある!

いい度胸してるな。

You've sure got guts.

gutsは「根性」「勇気」の意。「度胸」もこの単語が使える。売られたケンカを買うときに使ってみて。

A: **You're picking a fight with me? Come on, *you've sure got guts.***
この俺様にケンカを売るとは。お前、いい度胸してるな。
B: **Shut up and let's get it over with!**
つべこべ言わずにかかってこい！

いやらしい！

You pervert.

pervertは「いやらしい」「変質者」の意。You pervert.で「エッチ！」「このスケベ！」といったニュアンスの、嫌悪感丸出しのひとことに。

A: **Your skirt gets shorter all the time.**
君～、今日はまたいちだんとスカートが短いね。
B: **You...*you pervert.* That's sexual harassment!**
やだ～、いやらしい！ それセクハラですよ！

訴えてやる！

I'm suing!

sueは「訴える」「訴訟を起こす」の意。これを進行形で使ってI'm suing.とすれば「訴えてやる」のニュアンスに。

A: **You slandered me! *I'm suing!***
これは名誉毀損だ。訴えてやる！
B: **Now, now. Don't get so hot.**
まあまあ。そうカッカなさらずに。

おせっかいね。

You're such a meddler.

meddlerは「おせっかい屋」という意味の単語。such a...は後ろにくる言葉を強調する言い回しで、このように言えば「おせっかいなんだから、まったくもう」と、とても迷惑そうに話す感じがだせる。

A: **I washed your clothes and hung them up to dry.**
君の洗濯物、干しておいてあげたよ。
B: ***You're such a meddler.* Stay out of my business.**
おせっかいね。勝手なことしないでよ。

けしからん！

He's so rude!

rudeは「無礼な」「不作法な」という意味の単語。He's so rude.で「なんと無礼な」「けしからん」といったニュアンス。

> A: **That punk. I can't believe he'd just sit in the priority seat. *He's so rude!***
> あの若造め。シルバーシートに堂々と座りおって。けしからん！
> B: **Now, now, grandpa. Your blood pressure rises when you get that angry.**
> まあまあ、おじいちゃん。あんまり怒ると血圧が上がりますよ。

こっちの身にもなってよ。

Put yourself in my shoes!

put oneself in someone's shoesは「～の立場になって考える」「～の身になる」という意味の言い回し。けっこうよく使う言い回しなので覚えておこう。

> A: **I'm sorry, but could you come and get me at the station.**
> 悪いんだけど、駅まで迎えに来てくれないかな。
> B: **What? *Put yourself in my shoes!* What time do you think it is?!**
> え～っ、こっちの身にもなってよ。何時だと思ってるの?!

この石頭!

You're too stubborn!

stubbornは「ガンコな」「頭が固い」の意。どうしようもない頑固者には、You're too stubborn!と言ってやるべし。

A: **I don't care what you say, I'm not changing my mind.**
君がなんと言おうとボクの決心は変わらないよ。
B: ***You're too stubborn!* Have it your way!**
この石頭! もういいわよ!

このドロボウ猫!

You thief!

thiefは「盗人」「どろぼう」の意。「ドロボウ猫」もこれでOK。

A: **I want you to divorce him. We're in love.**
あの人と離婚してくれない? 私たち、愛し合ってるのよ。
B: ***You thief!* You're going to pay!**
このドロボウ猫! あんたからも慰謝料たっぷりいただくわ!

しつこいなぁ。

Don't be so pushy.

しつこくて、諦めの悪い相手に一喝！ そんなときにぴったりの言い回しがこれ。pushyは「あつかましい」の意。

A: **Come on, please. Let me play that game just a little.**
ねえ、いいでしょ？ そのゲームちょっとやらせてよ。
B: ***Don't be so pushy. I said no and I mean no.***
しつこいなぁ。ダメったらダメ。

じれったいわね。

Just spit it out.

「はっきり言いなさい」が直訳。これで、イライラしながら「じれったいわね！」と迫る感じがバッチリでる。または、Are you trying to irritate me? (私をイラつかせようとしているの？) と言っても似たニュアンスに。

A: **Um...like...you know.**
あのさあ。そのぅ……。それがさあ。
B: **What is it? *Just spit it out.* If you have something to say, be a man and say it!**
何よ。じれったいわね。言いたいことがあったら男らしく言いなさいよ。

それはこっちのセリフだ。

That's my line.

lineは「セリフ」の意。まさに直訳でOK。

A: **Don't ever call me again! We're finished.**
もう二度と電話してくるなよ！ もう絶交だからな。
B: ***That's my line.* I'm glad it's over.**
それはこっちのセリフだ！ せいせいするよ。

ダメに決まってるでしょ。

Do I have to answer that?

「答える必要ある？」が直訳だが、これで「ダメに決まってるでしょ」というニュアンスのとげのある言い方に。もしくは、Do you mind...?で聞かれた場合には、Of course I mind.と言っても「ダメに決まってるでしょ」のニュアンスがだせる。

A: **This car is getting old. Do you mind if I trade it in for a new one?**
この車も古くなっちゃったな。新車に買い換えてもいい？
B: ***Do I have to answer that?* We're just barely surviving now.**
ダメに決まってるでしょ。こんなに生活が苦しいんだから。

どうぞご勝手に。

Be my guest.

「どうぞご勝手に」「お好きにどうぞ」と冷ややかに言い放つ感じ。See if I care.と言っても同ニュアンスになる。または、There's the door.(ドアはあっちだよ)なんて言っても皮肉たっぷりで効果的。

A: **I've had enough of you. I'm leaving.**
あんたには愛想が尽きたわ。出て行ってやるから。
B: ***Be my guest.** I won't stop you.*
どうぞご勝手に。せいせいするよ。

とぼけないで！

Don't give me that!

Don't give me that!は「とぼけないで！」「しらばっくれないで！」といったニュアンスのきついひとこと。すっとぼけたことを言ってくる相手には、ガツンと言ってやるべし。

A: **Where did you go last night? Something's fishy...**
昨日はどこに行ってたの？ なんだかあやしいわ。
B: **I went drinking with my co-workers. I'm not lying.**
昨日は会社の仲間と飲みに行っただけだよ。ウソじゃないよ。
A: ***Don't give me that!** You're cheating on me, aren't you?*
とぼけないで！ 浮気してるのはわかってるんだから。

何言ってんだ。

You're not making any sense.

　直訳すると「あなたの言っていることはまったく筋が通っていない」、転じて「何言ってんだ」「なにを訳の分からないことを」といったニュアンスになる。

> A: **I'm still sleepy, so I'm going to take today off.**
> 今日は寝不足なので会社は休みます。
> B: **Come on, now. *You're not making any sense.* This is an important time.**
> おいおい。何言ってんだ。この大事なときに。

何様のつもり。

Who does he think he is?

　「彼は自分のことを誰だと思っているのか？」が直訳。転じて「あの人、何様のつもりかしらね」というとげとげしいニュアンスに。まさに皮肉たっぷりのひとこと。本人に向かって言うときは、Who do you think you are?

> A: **That Yamada keeps telling me to make copies for him. *Who does he think he is?!***
> 山田のやつ、私にコピーとって来いなんて言うのよ。いったい何様のつもり！
> B: **I know what you mean. Some men are like that.**
> いるのよね。そういう勘違い男って。

何とか言ったら。

Say something.

　黙ったまま何も言わない相手にイライラ……。こんなときに使いたいのがSay something.という言い回し。たったの2単語なのに、「黙ってないで何とか言ったらどうなのよ」と、これだけの気持ちが伝えられる、便利なひとこと。

> A: **How about this plan? So, *say something*.**
> この企画どう？　黙ってないで何とか言ったら。
> B: **I need more time to think.**
> 急にそう言われても……。

バカにしないで。

Don't underestimate me.

　underestimateは「あなどる」「見くびる」の意。この単語を使えば、「バカにしないで」のニュアンスがバッチリでる。

> A: **Let's break up. I can't deal with you any longer.**
> もう別れましょう。あなたにはついていけないわ。
> B: **So now I'm broke, you don't need me. All you wanted was my money.**
> 金の切れ目が縁の切れ目か。やっぱりお前も金が目当てだったんだな。
> A: ***Don't underestimate me.* That's why I hate you.**
> バカにしないで。あなたのそういうところが嫌なのよ。

はいはいわかりましたよ。

Anything you say.

　もしくは、1語でWhatever.と言っても同ニュアンスになる。また、Yeah, yeah, yeah...（はいはい）などと言っても、嫌味っぽさがさらに増す。

A: **Listen! Why don't you keep out of this?**
あのさあ！　余計な口だししないでくれないかな。
B: ***Anything you say. Have it your way.***
はいはいわかりましたよ。お好きにどうぞ。

なんだその口の利き方は！

How dare you talk to me like that!

　How dare you...は、相手に怒りをぶつけるときによく使う言い回し。たとえば、How dare you eat my cheesecake!（私のチーズケーキを食べちゃうなんて！）といった具合。

A: **If you're going to be late, you need to call and let me know.**
遅れるなら遅れると連絡しなくちゃだめじゃないか。
B: **Who do you think you are? I've had enough!**
なんだよ、偉そうに。もうやってらんないよ。
A: ***How dare you talk to me like that!*** **You're out of here! Out!**
なんだその口の利き方は！　もう首だ、首！

ひっこんでろ!

Keep your mouth shut.

「ひっこんでろ」は、「黙っていろ」「口だしするな」ということなので、Keep your mouth shut.がぴったりくる。けっこうきつい。

A: **If we do things your way, we'll never make any money.**
君のやり方じゃあ会社はうまくいかないよ。
B: **What do you know?** *Keep your mouth shut.*
素人がなにをぬかす! ひっこんでろ!

話にならない。

What a waste of time!

waste of timeは「時間の無駄」という意味。この表現を使えば、「まるで話にならない」と、呆れながら言う感じがだせる。もしくは、It was a total waste of time.と言ってもOK。

A: **Did everything go okay? You look like it didn't.**
話し合いはうまくいった? その顔じゃダメだったみたいだね。
B: *What a waste of time!* **He pissed me off, so I left.**
もう、話にならないよ。頭にきたから帰ってきちゃった。

不愉快だ。

How rude!

rudeは「失礼にあたる」「無礼な」の意。How rude!で「失礼な！」「不愉快だ！」といったニュアンスになる。もしくは、You really piss me off.と言っても、心底むかついている感じがしてマル。

> A: **Excuse me, sir. Dogs aren't allowed in the store.**
> お客さま、当店では犬を連れての入店はお断りしています。
> B: **What?! Are you saying my dog is dirty? *How rude!* I'm leaving!**
> なにを〜?! うちの犬が汚いとでも言うのか？ 不愉快だ。帰る！

別に。

It's nothing.

ムッとしているときに、ちょっとむくれた感じで使う「別に」ということば。これを英語で言うなら、It's nothing.がぴったり。

> A: **What are you so mad about? Did I do something wrong?**
> 何を怒ってるんだよ？ ボク、なんか悪いことした？
> B: ***It's nothing.* Just forget it.**
> 別に。ほっといてよ。

もうたくさん。(うんざりして)

I've had it.

「もうたくさん」「もううんざりよ」といったニュアンス。堪忍袋の緒が切れたときに……。

> A: **I always do all the housework, and *I've had it*.**
> いつも私にばかり家事をやらせて。もうたくさんよ！
> B: **What's your problem? It's not like you.**
> なにカリカリしてるのさ。君らしくもない。

八つ当たりしないで。

Don't blame me.

「私を責めないで」が直訳。「私には関係ないでしょ」「八つ当たりしないで」といったニュアンス。もしくは、Why are you attacking me?という言い方もよくする。

> A: **I'm late for work again because you didn't wake me up.**
> お前が起こしてくれなかったから、また会社に遅刻しちゃったじゃないか。
> B: ***Don't blame me.* It's your own fault.**
> 八つ当たりしないで。自業自得よ。

よくそんなことが言えるな！

How dare you say such a thing?!

ふつうにHow could you say such a thing?!と言うのではなく、couldの代わりにdareを使っているところがミソ。これで、より強い怒りを表現。

A: **You don't make enough. It's hard just to get by.**
あんたの稼ぎが悪いから、やりくりするのが大変だわ。
B: *How dare you say such a thing?!* **You don't know what I go through.**
よくそんなことが言えるな！　人の苦労も知らないで。

笑いごとじゃないよ。

It's nothing to laugh about.

It's nothing to...は「〜するようなことはない」という意味の言い回し。It's nothing to laugh about.で「笑いごとじゃないよ」と、ムッとして言うときの言い方になる。最後のabout をお忘れなく。

A: **I heard you had a hemorrhoid operation. Ha, ha, ha...**
痔の手術したんだって？　ぷぷぷっ。
B: *It's nothing to laugh about.* **It was really terrible.**
笑いごとじゃないよ。大変だったんだから。

一生のお願い!

I'll never ask for anything again.

「もう二度と頼みごとはしないから」が直訳。これで「一生のお願い!」のニュアンスがばっちりでる。もしくは、I'm begging you.(このとおりだから)と言っても、同じように懇願する感じになる。

> A: **Let me have the concert ticket. *I'll never ask for anything again.***
> そのコンサートのチケット譲ってよ。一生のお願い!
> B: **Not on your life! I've been looking forward to this day for a long time.**
> 死んでもダメよ! この日をずっと楽しみにしてきたんだから。

どうしてもダメ?

Isn't there any way?

「もう何も方法は残っていないの?」が直訳。「どうしてもダメ?」としつこくせがむ感じのひとことになる。

> A: **Sorry, I can't lend you my car. I have to use it on that day.**
> 悪いけど、車は貸せないよ。その日使うから。
> B: ***Isn't there any way?* I was counting on you.**
> どうしてもダメ? あてにしてたのにな。

友だちでしょ。

We're friends, aren't we?

　We're friends.だけで終わらせないところがミソ。後ろにaren't we?を付けて付加疑問文にすると、「友だちだろ～」「友だちじゃないか～」と、さほど親しくもない友人が友だちぶって言う感じがでる。

> A: **Could you be my guarantor on my loan.** *We're friends, aren't we?*
> なあ、ローンの保証人になってくれないか。友だちだろ。
> B: **The answer is no. Ask someone else.**
> 絶対にごめんだね。ほかをあたってくれよ。

見逃して。

Overlook it.

「お願いだから見逃して」と懇願するときのひとこと。overlookは「(悪さやミスなどを)見て見ぬふりをする」「見逃す」の意。

> A: **I saw you smoking by the sink. This is a no-smoking building.**
> さっき、給湯室でタバコ吸ってただろ。このビルは禁煙だぞ。
> B: **Please,** *overlook it.* **I'll take you to lunch.**
> お願い。見逃して。今度お昼をおごるから。

迷惑はかけないから。

You won't be sorry.

迷惑な頼みごとをするときの常套句「迷惑はかけないから」を英語で言うなら、You won't be sorry.がぴったり。

> A: **Could I use your name to rent an apartment?** ***You won't be sorry.*** **Please.**
> 部屋を借りるのに名前だけちょっと貸してくれない？ 迷惑はかけないからさ。頼むよ。
> B: **Well, if you say so. But...can I really trust you?**
> そこまで言うなら……。でも、本当に大丈夫？

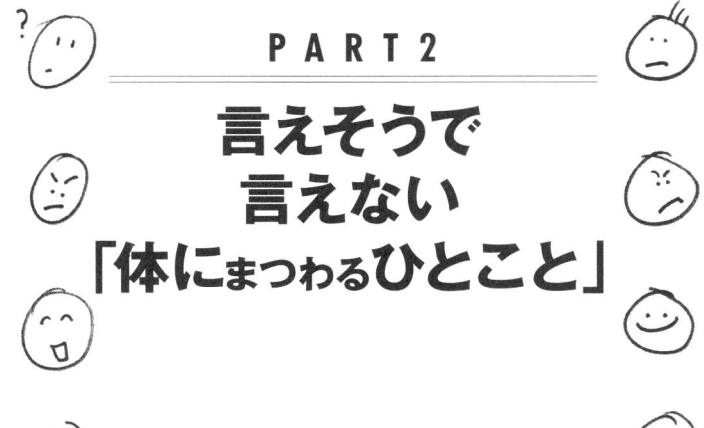

PART 2
言えそうで言えない「体にまつわるひとこと」

頭・髪・ひげ

頭がボーっとする

one's mind is in a haze

It's so hot, my mind is in a haze.
暑すぎて、頭がボーっとしてきた。

※hazeは「もうろうとして」の意。

頭がいっぱいになる

can't get one's mind off someone

I can't get my mind off her.
彼女のことで頭がいっぱい。

髪の分け目を変える

change one's part

I changed my part from the right to the left.
髪の分け目を右から左に変えてみたよ。

※partは「(髪の) 分け目」の意。

髪が薄くなる

get thin

His hair is getting thin.
彼の髪が薄くなってきているよ。

植毛する

get a hair transplant

Instead of a wig, maybe I'll get a hair transplant.
カツラはやめて、植毛しようかな。

もみあげを伸ばす

grow out one's sideburns

Are you growing out your sideburns?
もみあげを伸ばしているの？

無精ひげが生える

grow a three-day beard

You have a three-day beard. It looks sloppy.
無精ひげが生えてるぞ。汚らしい。

※beardは「ひげ」の意。

フケがでる

have dandruff

You have dandruff.
フケがでてるわよ。

※It's snowing.とも言う。

枝毛を切る

cut off one's split ends

Maybe you'd better cut off your split ends.
枝毛を切ったほうがいいんじゃない。

※splitは「分けた」の意。

寝ぐせがつく

get bed-head

It looks like you've got bed-head again.
また寝ぐせがついてるわよ。

顔色が悪い

look pale

Are you okay? You're looking pale.
大丈夫？ 顔色が悪いわよ。

目

目が回る

one's eyes spin

I pretended to be a ballerina, and now my eyes won't stop spinning.
バレリーナの真似をしたら目が回っちゃった。

目が冴える

be wide-awake

I'm wide awake now and can't get back to sleep.
目が冴えちゃって眠れないよ。

目ヤニがでる

get sleepy bugs

You've got sleepy bugs.
目ヤニがでてるわよ。

老眼になる

getting farsighted

Maybe I'm getting farsighted. It's hard to see these words.
老眼かしら。字が見づらいわ。

※farsightedは正確には「遠視」の意。

目がかすむ

one's eyes are clouded over

My eyes are clouded over, so it's kind of difficult to read.
目がかすんで、文字が見にくい。

目が充血する

get bloodshot eyes

I get bloodshot eyes when I drink.
飲むと目が充血しちゃうの。

鼻

鼻毛を切る

cut one's nose hair

These scissors are perfect for cutting nose hair.
このハサミ、鼻毛を切るのにぴったりなんだ。

鼻毛がでている

get nose hair sticking out

You've got a nose hair sticking out.
How embarrassing!
ちょっと、鼻毛がでてるわよ。みっともない。

鼻くそをほじる

pick one's nose

Stop picking your nose in public.
人前で鼻くそをほじるのはやめなさい！

鼻血がでる

get a bloody nose

I ate so much chocolate I got a bloody nose.
チョコレート食べ過ぎて、鼻血がでちゃった。

鼻水がでる

one's nose is running

It's so cold my nose is running.
寒くて鼻水がでてきちゃった。

口

口をゆすぐ

rinse one's mouth out

Yuck! This tastes terrible!
I'm going to rinse my mouth out.
おえっ！　まず～い！　ちょっと口をゆすいでくる。

口をポカンと開ける

one's mouth falls open

He was so shocked his mouth fell open.
彼はあまりのことに、口をポカンと開けていた。

唇がカサカサする

get chapped lips

> My lips are chapped. I need some lip cream.
> 唇がカサカサしてきちゃった。リップつけよう。

口内炎ができる

have a canker sore

> I have a canker sore and it really hurts.
> 口内炎ができていて、すごく痛むんだ。

口をとがらせる

pout

> Stop pouting and snap out of it.
> いつまでも口をとがらせてないで、機嫌を直して。

喉チンコが見える

see one's uvula

If you open your mouth too wide, everyone can see your uvula.
あんまり大口を開けると、喉チンコが丸見えだぞ。

※little punching bag in one's throatでも通じる。

アッカンベーをする

stick one's tongue out at someone

He pissed me off, so I stuck my tongue out at him.
頭に来たから、アッカンベーしてやった。

口にチャックする

zip up one's mouth

I'm always saying too much. I'll zip up my mouth.
私っていつもひとこと多いのよね。もう口にチャックするわ。

あくびを噛み殺す

suppress a yawn

I could see that she was trying to suppress a yawn.
彼女、あくびを噛み殺してたよ。

※suppressは「抑える」「我慢する」の意。

差し歯を入れる

get an implant

My front tooth fell out, so I got an implant.
前歯が抜けたので、差し歯を入れてます。

親知らずを抜く

have one's wisdom teeth pulled out

I had my wisdom teeth pulled out today at the dentist's.
今日、歯医者さんで親知らずを抜歯してきたよ。

耳

耳垢がたまる

get earwax

I've got some earwax. Give me a swab.
耳垢がたまっちゃった。綿棒ちょうだい。

耳をふさぐ

cover one's ears

She played the violin, but I felt like covering my ears.
彼女がヴァイオリンを弾いてくれたんだけど、思わず耳をふさぎたくなっちゃったよ。

耳鳴りがする

my ears are ringing

For some reason my ears are ringing.
なんだか耳鳴りがするんだよ。

空耳が聞こえる

hear things

Maybe I'm hearing things.
空耳かしら。

※see thingsで「幻覚を見る」の意に。

耳が遠くなる

lose one's hearing

My mother is losing her hearing.
うちの母は耳が遠いんです。

耳をかっぽじる

open up one's ears

I want you to open up your ears and listen!
耳をかっぽじってよく聞け!

首・肩

首を寝違える

wake up with a crick in one's neck

Maybe my pillow's too high.
I woke up with a crick in my neck.
枕が高すぎたのかな。首を寝違えちゃった。

※crickは「筋を違える」の意。

喉がイガイガする

have a frog in one's throat

I have a frog in my throat. I better gargle.
喉がイガイガするなあ。うがいしよう。

肩がこる

have a stiff lower neck

Mm, I've got a stiff lower neck.
Give me a neck rub.
ああ〜、肩こった。肩もんでよ。

肩幅が広い

have broad shoulders

He has such broad manly shoulders.
彼って肩幅が広くて男らしいの。

なで肩だ

have sloping shoulders

I wish I had sloping shoulders like yours.
あなたのなで肩がうらやましいわ。

※ちなみに「いかり肩」はstraight shoulder。

手

指を鳴らす

pop one's fingers

I'll pop my fingers as a sign.
合図で指を鳴らすよ。

突き指する

sprain one's finger

I sprained my finger playing volleyball.
バレーボールで突き指しちゃった。

※sprainは「くじく」の意。

指きりする

seal a promise by shaking pinkies

Don't tell anyone.
Let's seal our promise by shaking pinkies.
絶対に言わないでね。指きりしよう。

ささくれができる

have a hangnail

Give me a Band-Aid. I have a hangnail.
バンドエイドちょうだい。ささくれができちゃって。

深爪する

cut nails to the quick

My fingernails hurt because I cut them to the quick.
深爪しちゃって痛いの。

胸・胴・尻

胸がムカムカする

get heartburn

It's a hangover. I've got heartburn.
二日酔いだ、胸がムカムカする。

筋肉をピクピクさせる

flex one's chest

Watch me flex my chest.
胸の筋肉がピクピク動くよ。

※flexは「筋肉がピクピク動く」の意。

心臓が止まりそうになる

think one's heart is going to stop

I was so surprised I thought my heart was going to stop.
びっくりして心臓が止まりそうになったよ。

腹がでる

get a belly

I guess I'm getting the middle-age spread.
I'm getting a belly.
中年太りかな。腹がでてきたよ。

腹筋が割れる

get some abs

All that training is paying off. I'm getting some abs.
トレーニングの成果かな。腹筋が割れてきたよ。

※abs = abdominal muscles

ウエストにくびれができる

get one's waist back

I lost some weight, and now I'm getting my waist back.
痩せて、ウエストにくびれができたわ。

※waistは「腰のくびれ」の意。

尻もちをつく

fall on one's butt

I fell on my butt.
尻もちついちゃった。

足

アキレス腱を伸ばす

stretch out one's Achilles' tendon

I'd better stretch out my Achilles' tendon.
アキレス腱を伸ばしておこう。

足のつぼを刺激する

massage the pressure points on one's feet

If you massage the pressure points on your feet, your head will feel clear.
足のつぼを刺激すると、頭がすっきりするよ。

O脚を矯正する

fix one's bowlegs

If you fix your bowlegs, you could be a model.
O脚を矯正すれば、モデルになれるかな。

足が蒸れる

make one's feet sweaty

Long boots always make your feet sweaty.
ロングブーツを履くと足が蒸れるのよね。

足が棒のようになる

one's legs feel like sticks

My legs feel like sticks from standing up all day.
1日中立ちっぱなしで、足が棒のようだ。

足がむくむ

one's legs are swollen

My legs are all swollen.
足がむくんでパンパン。

足がしびれる

one's legs fall asleep

I sat in a weird position and my legs fell asleep.
ヘンな姿勢で座っていたら、足がしびれちゃった。

足の裏をくすぐる

tickle (the bottom of) someone's feet

Stop tickling my feet.
足の裏をくすぐらないで。

屈伸運動をする

do knee bends

Let's do warm-up exercises.
First, some knee bends.
では、準備運動しましょう。まずは屈伸運動から。

かかとがひび割れる

one's heels get chapped

This cream is really good when your heels get chapped.
このクリームはかかとがひび割れたときに付けるとよく効きます。

※get chappedは「ひびが割れる」の意。

セックス

(あそこが) 役に立たない　　　　(男性が)

have a hard time getting it up

> He's still young, but he has a hard time getting it up.
> 彼ったら、若いのにあそこが役に立たないのよ。

※ストレートに言えば、ED (erectile dysfunction 勃起障害)。
He's suffering from ED. (彼はEDだ)

最高！　　　(女性が)

Yes!

> You're driving me crazy! Yes!
> あなたのテクニック、最高！

※This is wonderful! でも「最高よ！」のニュアンスに。
You make me feel so good! This is wonderful!(いいわ！　最高よ！)

今日はあの日で……　　　(女性が)

It's that time of the month.

> It's that time of the month, so not today.
> 今日はあの日なの。だからごめんね。

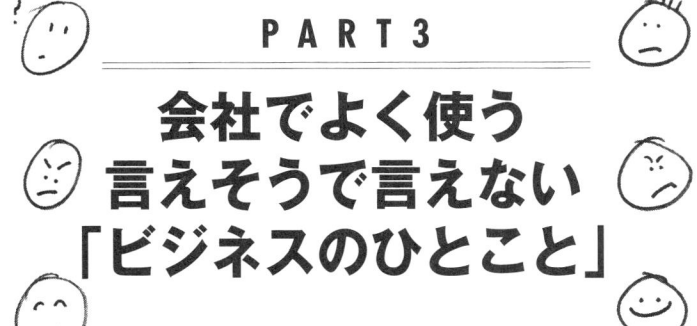

PART 3
会社でよく使う 言えそうで言えない 「ビジネスのひとこと」

朝イチ（朝一番）

first thing in the morning

I'll finish this first thing in the morning.
朝イチで片付けちゃおう。

Let's have a meeting first thing in the morning.
朝イチで打ち合わせしよう。

午後イチ

first thing in the afternoon

I'll finish this report first thing in the afternoon.
レポートは午後イチで終わらせます。

　朝イチ（first thing in the morning）のmorningをafternoonに変えるだけでOK。

ウナギのぼりに上がる

skyrocket

After we announced our new product, our stock skyrocketed.
新製品の発表のあと、株がウナギのぼりに上がった。

　skyrocketは「飛躍的に上昇する」「一気に値上がりする」といった意味。「ウナギのぼり」に英語をあてるならこれ。

午前半休

take (tomorrow) the morning off

I need to take the morning off.
午前半休しなくちゃ。

「朝だけお休みする」と伝える。これで「午前半休」の意に。午後半休はtake the afternoon off.

一発勝負に出る

go for broke

Let's go for broke and invest everything we have.
一発勝負に出て、今あるお金をすべて投資しよう。

go for brokeとは、ギャンブルなどで有り金全部を掛けて大勝負にでること。ビジネスシーンで使う「一発勝負」もこれでOK。

社運

the future of the company

The future of the company depends on the success of this project.
わが社の社運はこのプロジェクトにかかっている。

別の言葉で言えば「会社の未来」のことなので、これでOK。

有休（有給休暇）

paid vacation

I don't have any paid vacation left.
もう有休が残っていない。

直訳すると「給料が支払われる休日」。We get two weeks of paid vacation a year.（年に2週間の有休があります）

カレンダー通りのお休み

take all official holidays off

We take all official holidays off.
お休みはカレンダー通りです。

official holidayは「正式に定められている休日」のこと。

足元を見る

take advantage of (someone's weakness)

I thought he was my partner, but he took advantage of me.
パートナーだと思っていたのに、足元を見られたよ。

直訳でsee someone's feetとしても、3割のネイティブは理解してくれる。これをsee someone's clay feetとすれば、ほぼ全員のネイティブが理解する。Make sure he doesn't see your clay feet.（足元を見られないようにしろ）

当たってみる

give someone a try

They might be interested. Why don't you give them a try?
もしかしたら興味を示すかもしれないよ。当たってみれば?

相手がひとり(男性)ならgive him a try、女性ならgive her a tryとする。

裏金

dirty money

He used dirty money to bribe the politician.
彼は政治家を買収するのに裏金を使った。

backroom moneyでも同じ意味。こちらもよく使う言い回し。

お言葉に甘える

take someone up on (an invitation)

I've decided to take you up on your offer.
お言葉に甘えることにしました。

似た意味の表現にI'll let you spoil me.というのもある。直訳は「甘えさせてもらう」。

お言葉を返すようですが

with all due respect

With all due respect, the price is far too high.
お言葉を返すようですが、その値段は高すぎますよ。

直訳して、It may sound like I'm returning your words, but~などと言っても、ネイティブにはさっぱり理解できないので注意。

お手柔らかに

don't be too hard on someone

Don't be too hard on me. This is my first big contract.
お手柔らかにお願いします。なにしろ初めての大きな契約ですので。

hardは「厳しい」の意。

肩書き

title

Titles are important in Japanese companies.
日本では肩書きがとても重要です。

直訳してtitle on one's shoulderとしてもネイティブは理解してくれるはず。He wants to wear his title on his shoulder.（彼は肩書きがほしいのさ）

近々(きんきん)に

sometime soon

I'll get a report ready sometime soon.
近々に報告書をご用意いたします。

「できるだけ近いうちに」ということなので、sometime soonがぴったりくる。

緊急の用件

an urgent matter of business

I need to cancel the meeting due to an urgent matter of business.
緊急の用件ができたので、会議はキャンセルします。

「緊急の用事」「緊急の用件」の意。

徹夜

work all night

I'm going to have to work all night to finish this proposal.
企画書を書き上げるのに徹夜しなくちゃならないよ。

そのまま「一晩中仕事する」と言えばOK。

行き当たりばったりの

haphazard

You're too haphazard. Haphazard projects never succeed.
いつも君は行き当たりばったりなんだよ。行き当たりばったりの企画はうまくいかないよ。

haphazardは「行き当たりばったりの」「無計画な」の意。

歯車が狂う

get out of whack

How did this project get out of whack?
このプロジェクトはどこで歯車が狂ってしまったのか。

get out of whackは「具合が悪くなる」「うまくいかなくなる」という意味。「歯車が狂う」を英語で言うならこれがぴったり。ちなみにwhackはこの熟語以外ではほとんど使われない。

戻り予定

return time

He didn't write down a return time on the whiteboard when he left.
あの人、ホワイトボードに戻り予定を書いていないわ。

直訳で問題なく通じる。

裏目に出る

backfire

My plan to get the president's approval backfired.
社長の承認を得ようとした計画が裏目に出たよ。

backfireは、もともとは「逆火」という意味。

見切り発車

snap decision

This problem is the result of your snap decision.
この問題は見切り発車が原因で起こったことだよ。

snapは「即座の」という意味。

しぼられる

be called onto the carpet

My boss called me onto the carpet for a simple accounting mistake.
単純な経理ミスをしてしまい、上司にしぼられた。

「じゅうたんの上に呼ばれる」が直訳。じゅうたんが敷かれた上司のオフィスへ説教を聞きに行くイメージから。

やぶへび

have the opposite effect

His speech had the opposite effect of what he wanted.
彼のスピーチはやぶへびになったね。

「逆の効果をもつ」が直訳。「やぶへび」を英語にするならこれ。

ケツ

deadline

When's the deadline for this project?
このプロジェクトのケツは？

「アップ日」「締め切り日」という意味なので、これでOK。

責任転嫁する

pass the buck

I don't want you to pass the buck. This is your responsibility.
責任転嫁するな。これは君の責任だよ。

buck はトランプのポーカーで配り手であることを示す印のこと。これを他の人に押し付けるイメージからきた表現。

度を越す

go too far

You need to be creative, but you're going too far.
クリエイティブなのはいいが、度を越しているよ。

直訳すると「遠くに行き過ぎる」。

ノーリターン

go straight home

I'm planning to go straight home from the client's.
取引先からノーリターンの予定です。

「出先から社へは戻らずにまっすぐ帰宅する」ということ。

宝の持ち腐れ

waste of talent

John is a waste of talent in accounting.
経理部ではジョンは宝の持ち腐れだぞ。

「才能を無駄にする」が直訳。転じて「宝の持ち腐れ」。

直行直帰

go right to the client's and right home

George went right to the client's and right home every day last week.
ジョージは先週ずっと直行直帰だった。

「まっすぐ取引先へ行き、まっすぐ帰宅する」と説明的に言うのがベスト。

接待

entertain

We spend a lot of money on entertaining potential clients.
得意先になりそうな相手の接待には大金を使います。

「接待」はそのままentertainでOK。

接待ゴルフ

golfing with clients

I like to go golfing with my friends, but I don't like golfing with clients.
友達とゴルフをするのは好きだけど、接待ゴルフは好きじゃないな。

「お得意さんとゴルフする」が直訳。

いい線いってる

be on the right track

We still have a long ways to go, but I think we're on the right track.
まだまだだけど、なかなかいい線いってると思うよ。

「正しい線路に乗っている」が直訳、転じて「いい線いっている」のニュアンスに。

前倒し（予定より早める）

move ahead

Let's move the meeting ahead by three days.
会議を3日前倒しにしよう。

「前に動かす」と表現すれば、「前倒し」のニュアンスがばっちり伝わる。

口裏を合わせる

get one's stories straight

Let's get our stories straight before the meeting.
会議の前に口裏を合わせておいたほうがいいんじゃない？

「こちらの話が同じ方向へ行くようにする」が直訳。「口裏を合わせる」を英語にするならこれ。

太鼓判を押す

vouch for

Bill is an honest man. I can vouch for him.
ビルは誠実な男ですよ。私が太鼓判を押します。

vouchは「保証する」の意。vouch for〜で「〜について太鼓判を押す」という意味に。

テンパる（時間がなくて焦る）

get panicky

We only have two days, so I'm starting to get panicky.
あと2日しかないのよ、テンパってきたわ。

get panickyは「パニックになる」という意味。日本語の「テンパる」にはこれが近い。

探りを入れる

probe into

We need to probe into what our competitor is doing.
ライバル社の動きに探りを入れよう。

probe into〜は「〜に探りを入れる」「〜を綿密に調べる」という意味。

ポシャる

fizzle out

We had a big plan, but it fizzled out.
でかい計画があったんだけど、ポシャっちゃったよ。

fizzleは「しくじる」「失敗する」という意味の単語。fizzle outとすれば「ポシャる」に近いニュアンスが出せる。

適材適所

the right person in the right place

John's doing great in his new position. He's the right person in the right place.
ジョンは新しい部署でがんばってるよ。まさに適材適所だったね。

英語では「正しい場所に正しい人」と表現。

頭角を現す

distinguish oneself

Mary distinguished herself as a great editor.
メアリーはエディターとして頭角を現している。

distinguishは「違いを示す」という意味。distinguish oneselfで「他との違いを示す」、転じて「頭角を現す」というニュアンスに。

仕事の鬼

a workaholic

Since joining this company, I've become a workaholic.
この会社に入ってから仕事の鬼になったよ。

workaholic は「仕事中毒」という意味。「仕事の鬼」もこれでOK。

カツカツ（時間がなくて）

run out of time

We're running out of time. We'll have to work on the weekend.
カツカツなので、週末も仕事ですよ。

run out of time（時間がなくなる）を使えば、「カツカツ」のニュアンスになる。

生き馬の目を抜く

cut-throat

The computer business is really cut-throat.
コンピュータ業界は生き馬の目を抜くようなところだ。

cut-throatは「弱肉強食的な」「喰うか喰われるかの」という意味。「生き馬の目を抜く」を英語にするならこれ。

書き入れ時

best time

We sell skis, so the best time of the year is in the fall.
うちではスキーを売っていますから、書き入れ時は秋になります。

英語では「一番良いとき」と表現する。

白紙に戻す

go back to the drawing board

That didn't work at all. Let's go back to the drawing board.
まるでうまく行きませんでしたね。白紙に戻しましょう。

drawing boardは「図版」の意。「図版に戻ろう」が直訳。

ツキが回ってくる

one's luck has turned

We just got a big order. Our luck has turned.
大口の注文が入ったぞ。ツキが回ってきたな。

英語では「運が方向を変えてこちらへ向かった」と表現する。

7掛け

offer a 30-percent discount

We're offering a 30-percent discount on these computers.
このパソコンは7掛けで提供できますよ。

3割引きということなので、これでOK。

棚ぼた

fall into one's lap

Our new hit product was based on a complaint. It fell into our lap.
苦情がもとで、こんなヒット商品がうまれるとは、棚ぼただね。

「棚ぼた式の」などと形容詞として使うときにはwindfallでOK。例えば、windfall revenue（棚ぼた式の収入）。

時間の問題

a matter of time

It's only a matter of time before we run out of money.
有り金が尽きるのも時間の問題だ。

「それは時間の問題だ」とひと言で言うなら、It's a matter of time.

下り坂になる

go downhill

Our sales have been going downhill since the start of the year.
今年に入ってから商売は下り坂だ。

まさに直訳でOK。このように、日本語と英語には同じ発想の言い回しが意外と多い。

アポとり

make appointments

I spent all day yesterday making appointments.
昨日は1日中アポとりをしていました。

こちらも直訳でOK。

口利きをする

mediate

We need to have someone mediate for us.
だれかに口利きしてもらわないといけないね。

mediateは「仲介する」「仲立ちする」という意味。「口利き料」はmediation fees。

自転車操業

hand-to-mouth business

I may look rich, but it's a hand-to-mouth business.
裕福に見えるかもしれないが、自転車操業の商売さ。

hand-to-mouth は「自転車操業の」「その日暮らしの」という意味。

9時5時

banker's hours

I always work banker's hours, so I never do overtime.
いつも9時5時で働いてるから残業はしないよ。

一般的な就業時間のこと。以前は多くの銀行の開店時間が9時～5時だったため。

上場する

be listed

Our company is going to be listed sometime next year.
わが社は来年には上場される。

直訳でOK。go publicと言ってもOK。

棚卸し

take inventory

We need everyone to come in on Saturday to take inventory.
今週の土曜日は棚卸しですから出社してください。

inventoryは「品揃え」「商品の一覧表」の意。

手の内を見せる

show one's hand

Let's not show our hand until we have to.
できるだけ手の内は見せないようにしよう。

このhandは「(トランプなどの) 持ち札」のこと。

顔がきく

have contacts

We hired Bill because he has contacts in the game industry.
ビルを雇ったのは、ゲーム業界に顔がきくからだよ。

contactには「つて」「コネ」という意味がある。

成長株

up-and-coming

Michael is one of our best up-and-coming sales representatives.
マイケルはうちの営業で一番の成長株です。

up-and-comingは「有望な」「成功の見込みがおおいにある」という意味。「成長株」を英語にするならこれがぴったり。

正攻法で行く

use standard tactics

We'd better use standard tactics when dealing with him.
彼と取引するときには正攻法で行ったほうがいいな。

「スタンダードな戦略を使う」転じて「正攻法で行く」のニュアンスに。

とらぬタヌキの皮算用

Don't count your chickens before they're hatched.

Don't count your chickens before they're hatched.
それはとらぬタヌキの皮算用だ。

英語では「卵からかえってもいないのに鶏を数えるな」と表現。

押しも押されもせぬ

unchallenged

We are the unchallenged leader in this industry.
うちはこの業界で押しも押されぬトップ企業だ。

unchallengedは「対抗者のいない」「(地位などが) 揺るぎない」という意味の単語。こう言えば「押しも押されぬ」のニュアンスがばっちり出せる。

経費で落とす

reimburse

We can't reimburse you for this drinking money.
この飲み代は経費では落とせません。

reimburseは「経費などを返済する」という意味の単語。

草分け

pioneer

Our president was a pioneer in the advertising industry.
うちの社長は広告業の草分け的存在だ。

pioneerは「開拓者」「先駆者」という意味の単語。

脱サラする

start one's own business

Hiroshi quit his job at a big company and started his own business.
ヒロシは大企業での仕事を辞めて脱サラした。

英語には「脱サラ」をひと言で言い表す言葉は存在しない。あえて言うなら、このように説明的に言う。

話がうますぎる

too good to be true

It sounds like a good deal, but it's probably too good to be true.
いい話だとは思うけど、なんだか話がうますぎるな。

英語では「実現するには良すぎる」と表現。

缶詰

be locked up

I'm locked up in a hotel until I finish this manuscript.
原稿書きでホテルに缶詰だよ。

lock up（拘留する）という言い回しを使えばニュアンスがバッチリ伝わる。

帳消しにする

wipe out

His presentation wiped out all the mistakes he ever made.
彼はあのプレゼンでそれまでの失敗を帳消しにしたね。

「(不名誉を) 消し去る」という意味。これで「帳消しにする」のニュアンスが出せる。

頭越しに

go over someone's head

Don't go over my head and talk to the president. Talk to me first.
私の頭越しに社長に話さないで。先に私を通してよ。

英語では「だれかの頭を飛び越して」と表現。

天職

natural calling

George is a wonderful accountant. It's his natural calling.
ジョージはすばらしい会計士だよ。まさに天職だね。

one's natural callingで「天職」の意に。

にっちもさっちもいかない

stuck between a rock and a hard place

I'm stuck between a rock and a hard place.
もうにっちもさっちもいかないよ。

stuckだけでもほぼ同じニュアンスが出せる。I've tried to get support for our plan, but we're stuck.（この計画に援助を集めようとしたんだが、もうにっちもさっちもいかなくなったよ）

上場企業

listed company

In the past, we only did business with listed companies.
これまで上場企業としか付き合ってこなかった。

このlistは「上場する」という意味。

メモる（メモをとる）

write down

Please write down everything that happens in the meeting.
会議の内容はすべてメモって。

そのまま「書き留める」と表現すればOK。

不良品

defective product

I'll give you a 60-percent discount on these defective products.
これらは不良品ですから6割引でお売りします。

defectiveは「欠陥のある」の意。「欠陥のある商品」、転じて「不良品」の意味に。

公私混同する

mix business with pleasure

I don't want to go golfing. I never mix business with pleasure.
ゴルフは遠慮させてください。公私混同したくはないので。

直訳すると「仕事と楽しみを混同する」、転じて「公私混同する」の意に。

口コミで

word-of-mouth

We don't have money for ads, so we'll have to use word-of-mouth.
広告にかけるお金はないから、口コミでいくしかないな。

「口コミで広まる」なら、spread by word-of-mouth。

オフレコ(内緒で)

keep〜 off the record

I'd like to keep this off the record.
これはオフレコで頼むよ。

直訳でOK。「非公開で」「公表しないで」という意味。

切り札

trump card

I don't want to use our trump card until the last day of negotiations.
交渉の最終日まで切り札はとっておこう。

trumpはもともと「奥の手」「切り札」の意味。「トランプ」はcards。

鶴のひと声

a word from the top

The entire plan was canceled by a word from the top.
鶴のひと声ですべての計画が白紙に戻された。

「トップからのひと声」が直訳。

とりあえずビール

Let's start off with beer.

Let's start off with beer.
とりあえずビールで。

Let's start with a round of beers.と言っても同じ意味に。

手を打つ

take action

If we take action today, we can still deal with this problem.
今日中に手を打てば、まだなんとかなるぞ。

「行動をとる」と表現すれば、「手を打つ」のニュアンスがばっちり出せる。

着払いで

COD

Please send it COD.
着払いで送ってください。

cash on deliveryの略。「シー・オー・ディー」と発音。

バイク便で

send by motorbike-express

If you send it by motorbike-express, it'll arrive within the day.
バイク便で送れば今日中に届きます。

バイクで届ける宅急便のこと。

産休

maternity leave

My maternity leave starts tomorrow.
明日から産休に入ります。

maternityは「妊婦のための」という意味。このleaveは名詞で「休暇期間」のこと。

飛ばされる

be／get sent off to Siberia

Yamada got sent off to Siberia.
山田が地方に飛ばされたらしいよ。

英語では「シベリアへ送られる」と表現する。

押し売り

pushy sales

I don't like pushy salespeople.
押し売りはお断りだよ！

pushyは「強引な」「あつかましい」の意。

なかったことに

forget everything

Let's just forget everything.
この件はなかったことにしましょう。

「すべて忘れてしまおう」が直訳。「この件はなかったことに」を英語で言うならこれがぴったり。

崖っぷち

on the edge of a cliff

The bank said no more loans. We're on the edge of a cliff.
銀行が融資を打ち切るってさ。もう崖っぷちだよ。

直訳すると「崖のふちに立って」。まさに直訳でOK。「倒産寸前」なら、on the edge of bankruptcy。

本書は『その「ひとこと」、ネイティブならこう言います』(2004年) と『その英語、ネイティブにはこう聞こえます④』(2005年) から抜粋、加筆して文庫化したものです。

その「ひとこと」、ネイティブ英語でこう言います POCKET

2009年5月20日　第1刷発行　　　2010年12月10日　第6刷発行

著　者　David A. Thayne（デイビッド A. セイン）、小池信孝（こいけ のぶたか）

発行者　荻野善之

発行所　株式会社主婦の友社
　　　　〒101-8911 東京都千代田区神田駿河台2-9
　　　　電話03-5280-7537（編集）
　　　　電話03-5280-7551（販売）

印刷所　中央精版印刷株式会社

■ 乱丁本、落丁本はお取り替え致します。お買い求めの書店か、主婦の友社資材刊行課へご連絡ください（電話03-5280-7590）。
■ 内容に関する場合は、主婦の友インフォス情報社・担当・久次米まで（電話03-3294-0214）。
■ 主婦の友社発行の書籍・ムックのご注文はお近くの書店か、主婦の友コールセンターまで（電話049-259-1236）。
■ 主婦の友社のホームページ（http://www.shufunotomo.co.jp）からもお申し込みいただけます。

©A to Z 2009 Printed in Japan　ISBN978-4-07-266258-8

Ⓡ〈日本複写権センター委託出版物〉
本書を無断で複写複製（コピー）することは、著作権法上の例外を除き、禁じられています。本書をコピーされる場合は、事前に日本複写権センター（JRRC）の許諾を受けてください。JRRC　（http://www.jrrc.or.jp）　eメール:info@jrrc.or.jp 電話03-3401-2382